学前教育专业"互联网+"

新形态一体化系列规划教材

幼儿健康教育活动设计与指导

主　编◎建　菊　胡　云　王卫霞

副主编◎杨蕊绮　朱梦黎

厦门大学出版社
XIAMEN UNIVERSITY PRESS
国家一级出版社
全国百佳图书出版单位

图书在版编目（CIP）数据

幼儿健康教育活动设计与指导 / 建菊，胡云，王卫霞主编. -- 厦门 ：厦门大学出版社，2023.12（2025.7 重印）

学前教育专业"互联网＋"新形态一体化系列规划教材

ISBN 978-7-5615-9245-8

Ⅰ. ①幼… Ⅱ. ①建… ②胡… ③王… Ⅲ. ①学前儿童-健康教育-幼儿师范学校-教材 Ⅳ. ①G613.3

中国国家版本馆CIP数据核字(2023)第251777号

责任编辑　林　鸣
美术编辑　李夏凌
技术编辑　许克华

出版发行　厦门大学出版社
社　　址　厦门市软件园二期望海路 39 号
邮政编码　361008
总　　机　0592-2181111　0592-2181406(传真)
营销中心　0592-2184458　0592-2181365
网　　址　http://www.xmupress.com
邮　　箱　xmup@xmupress.com
印　　刷　湖南省众鑫印务有限公司

开本　787 mm×1 092 mm　1/16
印张　14.75
字数　320 千字
版次　2023 年 12 月第 1 版
印次　2025 年 7 月第 2 次印刷
定价　56.80 元

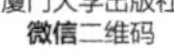
厦门大学出版社
微信二维码

厦门大学出版社
微博二维码

前　言

人生百年，立于幼学。党的二十大报告中提出，实现高质量发展是中国式现代化的本质要求，要深入实施科教兴国战略，把保障人民健康放在优先发展的战略位置。全面提高学前儿童健康水平是支撑人才强国战略的基础，是千万家庭幸福的根基，为国家培育健康儿童，齐力推进健康中国建设，是教育工作者义不容辞的责任与担当。3～6岁幼儿处于身体发育的重要时期，健康的身体和心理是实现幼儿全面和谐发展的基础与重要条件。提高幼儿的健康认识、改善幼儿的健康态度、培养幼儿的健康行为，是培养健康儿童的关键。

本书立足实践，对接3～6岁学前儿童健康教育新理念、新要求，结合岗位任务，采用模块化项目式的活页任务工单形式设计，每个章节配套理论知识、幼儿园案例、工作任务单及学习评价单，强调系统性、针对性、应用性。结合幼儿园健康教育领域实践，全面阐述幼儿健康教育活动设计的理论基础和一般原理。在专业技能的学习中，以岗位任务为核心，以问题为导向，通过任务情境的教学策略，使学生能沉浸式体验活动、设计活动、改进活动，从而提高幼儿健康教育活动设计与指导的基本技能、促进学生专业能力的全面发展。同时，加强学生的理想信念教育，激发其为国育人的责任意识，使其勇于担当培育“健康儿童”的历史使命，促进其成为“敢担当、能吃苦、肯奋斗”的新时代青年教师。

本书由建菊、胡云、王卫霞主编，各章节分工如下：模块一由建菊撰写，模块二由金国珍、吴青岩撰写，模块三由建菊、丁柯如撰写，模块四由郑莹莹、建菊撰写，模块五由胡云、朱梦黎、杨蕊绮撰写。教材中涉及的幼儿园案例由王卫霞提供，微课由课程组的几位教师共同录制。全书由建菊、胡云统稿。本书的编写得到了厦门大学出版社的支持与帮助。书中收录了几所省级示范性幼儿园的相关资料并借鉴参考了国内外有关的文献、资料和研究成果，在此一并表示感谢。书中如有不当之处，恳请批评指正，以便不断修正与完善。

编者

2023年10月

目　录

模块四　幼儿心理健康教育

模块五　幼儿运动健康教育

模块一
走进健康

健康是促进人的全面发展的必然要求，是经济社会发展的基础条件。实现国民健康长寿，是国家富强、民族振兴的重要标志，也是全国各族人民的共同愿望。儿童是祖国的未来，儿童健康关系着千千万万家庭的幸福，是实现健康中国美好愿景的重要组成部分。

“走进健康”模块是进入本门课程学习的开端。分为“幼儿健康教育概述”和“幼儿健康教育活动的设计”两大学习项目。具体围绕健康的含义、幼儿健康教育的概念、幼儿健康教育活动的目标及内容、幼儿健康教育活动方案的编写等几大方面展开。通过“走进健康”模块的学习，学生应强化健康意识与行为，建立基本的儿童健康观，重视学前儿童的身心健康，认同身心健康对学前儿童成长的重要价值。

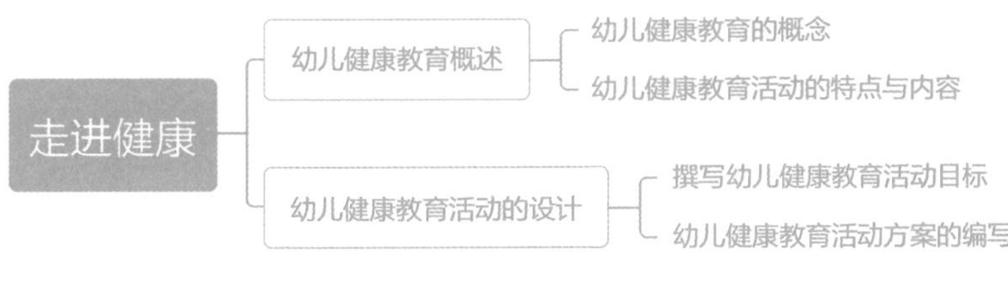

项目一　幼儿健康教育概述

任务1　幼儿健康教育的概念

一、任务描述

什么是健康

不同时代、不同年龄的人对于“健康”的认识是不同的。随着社会的进步与发展，“健康”逐渐发展为人类对美好生活的追求。儿童眼里的健康是什么呢？一名8岁的儿童说：“健康就是不生病，而且身上没有伤口，可以到处跑，很自由。”一名6岁的儿童说：“健康就是多吃蔬菜和水果，还有运动像跑步健身，早睡早起，不长黑眼圈。”一名5岁的儿童说：“健康就是很强壮，能跑得很快。”

儿童眼里的健康很简单，是指向身体上的健康，他们说的几乎都是健康在生活上和身体上的具体表现，缺乏对内心感受和心理方面的认识。作为未来的幼教工作者，只有完整、全面地理解健康的概念，才能面向幼儿开展科学的健康教育，从而维护和促进学前儿童的健康。

作为未来的幼儿教师，你眼里的健康是什么样的？

二、学习目标

（一）知识目标

（1）理解并掌握健康的含义。

（2）理解幼儿健康教育的概念。

（3）知道影响幼儿健康的因素。

（二）能力目标

（1）能说出健康包含的三大方面内容。

（2）能正确判断幼儿是否健康。

（3）能根据健康的标准评价自身健康状况。

（三）素养素质目标

（1）具有正确的健康观和良好的健康意识。
（2）认同开展幼儿健康教育的重要性。
（3）重视幼儿的身心健康，主动关心幼儿。

三、学习重难点

（1）重点：健康的含义、幼儿健康教育的概念。
（2）难点：幼儿健康的标志及影响幼儿健康的因素。

四、相关知识链接

资源链接：《“健康中国2030”规划纲要》

（一）“健康中国”的提出

为推进健康中国建设，提高人民健康水平，中共中央、国务院于2016年10月25日印发并实施了《“健康中国2030”规划纲要》。该纲要提出：“推进健康中国建设，是全面建成小康社会、基本实现社会主义现代化的重要基础，是全面提升中华民族健康素质、实现人民健康与经济社会协调发展的国家战略，是积极参与全球健康治理、履行2030年可持续发展议程国际承诺的重大举措。”其中，特别提出了要遵循“健康优先”原则，把健康摆在优先发展的战略地位，加快形成有利于健康的生活方式、生态环境和经济社会发展模式。0～6岁儿童的身心健康关系着国家和民族的未来，只有个体的身心健康，才能促进整个社会的健康发展，才能建设强大繁荣的国家，关注人类早期的健康教育是国家、民族发展的需要。

（二）健康观的历史演变

人们对健康的认识随着历史的发展、社会的进步，大致经历了从神灵自然医学模式到生物医学模式再到生物心理社会医学模式三个阶段。

1. 神灵自然医学模式

早期的人类社会，由于生产力水平和认识水平低下，对于生命现象和疾病的认识甚少，健康被认为是神灵赐予的礼物。如古希腊人认为，“血液、黏液、黄胆汁、黑胆汁”四种体液平衡便会健康，否则就会生病。这一时期，人们认为，人有了疾病无法医治应求神问卜。这就是早期的神灵自然医学模式。

2. 生物医学模式

随着医学研究的不断发展、生产力水平的提高，人们认识事物的能力和水平也得到了极大的提高，并因此建立了以生物机体和机体的生物性为研究对象的生物医学模式，开始从生物医学的角度认识疾病。随着社会的发展，生物医学模式也暴露出许多局限性，不但不能全面反映健康的内涵，而且束缚了医学研究的进一步深化。

3. 生物心理社会医学模式

20世纪后半叶，人们发现，理化、生物刺激导致的死亡率已退居次要地位，而与心理、社会因素密切相关的高血压、冠心病、癌症和精神疾病的发病率与死亡率则明显提高。据统计，高血压、冠心病等心血管疾病以及各种癌症的死亡率已进入了人类疾病死亡谱的前三名。另外，政治、经济、战争、教育、居住、职业等社会因素及冲动、孤独、紧张、恐惧、忧虑等心理因素对健康的威胁也日趋严重。这种现象说明，仅从生物医学的角度来描述健康是不够的，应该充分考虑社会因素和心理因素对疾病与健康的影响。①

纵观历史，人类对健康的认识经历了四个阶段。古代社会寻求健康的目的是对付来自自然界的威胁，并克服对死亡的恐惧，是一种自然的养生思想；近代社会认识到健康与环境的关系，具有初步的公共健康思想；现代社会强调每个人的健康权利，具有民主的健康思想；当代社会崇尚个体身与心的健全和谐，人与环境、人与人关系的和谐，体现了生态式的健康思想。②

（三）健康的含义

1948年，世界卫生组织（WHO）在其宪章中把健康定义为：“健康是生理、心理和社会适应的完满状态，而不仅仅是没有疾病和虚弱现象。”

1989年，WHO将健康的概念调整为：“健康应包括躯体健康、心理健康、社会适应良好和道德健康。”

《3～6岁儿童学习与发展指南》中明确指出：健康是指人在身体、心理和社会适应方面的良好状态。同时，提出“发育良好的身体、愉快的情绪、强健的体质、协调的动作、良好的生活习惯和基本生活能力是幼儿身心健康的重要标志”。

（四）幼儿健康教育的概念

从出生到6岁，婴幼儿的生长发育非常迅速。该阶段的婴幼儿好奇心强、活泼好动，但是缺乏对危险的认知、缺乏自我保护能力。学前儿童健康教育是终身健康教育的基础，对人的一生具有重要意义。幼儿健康教育是根据0～6岁儿童身心发展特点，以提高幼儿的健康认识、改善幼儿健康态度、培养幼儿健康行为、维护和促进幼儿健康为核心目标而开展的有组织、有计划、有目的的一系列教育活动。

（五）身体质量指数

身体质量指数（body mass index，BMI），又称“体重指数”，是国际上常用的衡量人体肥胖程度和是否健康的重要标准。BMI 通过人体体重和身高两个数值获得相对客观的参数，并用这个参数所处范围衡量身体质量。计算公式为：BMI=体重（kg）/身高（m）^{2}。见表1-1。

---

① 麦少美，孙树珍. 学前儿童健康教育活动指导［M］. 上海：复旦大学出版社，2007：1.

② 顾荣芳. 学前儿童健康教育论［M］. 3版. 南京：江苏凤凰教育出版社，2019：1.

表1-1　BMI

BMI 分类	WHO 标准	亚洲标准	中国参考标准
偏瘦	<18.5	<18.5	<18.5
正常	18.5～24.9	18.5～22.9	18.5～23.9
超重	≥25.0	≥23.0	≥24.0
偏胖	25.0～29.9	23.0～24.9	24.0～26.9
肥胖	30.0～34.9	25.0～29.9	27.0～29.9
重度肥胖	35.0～39.9	≥30.0	≥30.0
极重度肥胖	≥40.0	—	—

五、思想政治素养养成

为中华民族伟大复兴打下坚实健康基础
——习近平总书记关于健康中国重要论述

2021年3月23日，习近平总书记在福建考察时指出：“现代化最重要的指标还是人民健康，这是人民幸福生活的基础。把这件事抓牢，人民至上、生命至上应该是全党全社会必须牢牢树立的一个理念。”

党的十八大以来，以习近平同志为核心的党中央把维护人民健康摆在更加突出的位置，召开全国卫生与健康大会，确立新时代党的卫生与健康工作方针，印发《“健康中国2030”规划纲要》，发出建设健康中国的号召。

健康是促进人的全面发展的必然要求，是经济社会发展的基础条件，是民族昌盛和国家富强的重要标志，也是广大人民群众的共同追求。

2016年8月19日，习近平总书记在全国卫生与健康大会上指出：“要把人民健康放在优先发展的战略地位，以普及健康生活、优化健康服务、完善健康保障、建设健康环境、发展健康产业为重点，加快推进健康中国建设，努力全方位、全周期保障人民健康，为实现‘两个一百年’奋斗目标、实现中华民族伟大复兴的中国梦打下坚实健康基础。”习近平总书记在全国卫生与健康大会上还强调：“要坚定不移贯彻预防为主方针，坚持防治结合、联防联控、群防群控，努力为人民群众提供全生命周期的卫生与健康服务。要重视重大疾病防控，优化防治策略，最大程度减少人群患病。要重视少年儿童健康，全面加强幼儿园、中小学的卫生与健康工作，加强健康知识宣传力度，提高学生主动防病意识，有针对性地实施贫困地区学生营养餐或营养包行动，保障生长发育。”

2017年10月18日，习近平总书记在党的十九大报告中指出：“人民健康是民族昌盛和国家富强的重要标志。要完善国民健康政策，为人民群众提供全方位全周期健康服务。”

2021年3月6日，习近平总书记看望参加全国政协十三届四次会议的医药卫生界、教育界委员时指出：“要把保障人民健康放在优先发展的战略位置，坚持基本医疗卫生事业的公益性，聚焦影响人民健康的重大疾病和主要问题，加快实施健康中国行动，织牢国家公共卫生防护网，推动公立医院高质量发展，为人民提供全方位全周期健康服务。”

保障人民健康是一项系统工程，需要长时间持续努力。

随着经济社会发展水平和人民生活水平的不断提高，人民群众更加重视生命质量和健康安全，健康需要呈现出多样化、差异化的特点。

（资料来源：汪晓东、张炜、赵梦阳：《为中华民族伟大复兴打下坚实健康基础：习近平总书记关于健康中国重要论述》，《人民日报》（海外版）2021年8月8日第1版）

阅读上述材料，请思考以下问题：幼儿教师如何保障幼儿的健康成长，幼儿的健康与国家的繁荣富强有何关联？

微课：幼儿健康教育的基本理论

六、任务实施

任务工作单 1

班级：__________　　姓名：__________　　学号：__________

引导问题：

查阅相关资料，思考影响健康的因素有哪些，请以思维导图的形式呈现。

任务工作单 2

班级：__________ 姓名：__________ 学号：__________

引导问题：

（1）请对照以下健康的标志，测试自己的健康状况并分析原因，提出改进策略。

①精力充沛，对担负日常生活与繁重的工作不会感到很紧张和疲劳。 ②乐观、积极，乐于承担责任。 ③善于休息，睡眠好。 ④应变能力、环境适应能力强。 ⑤能抵抗一般性疾病。 ⑥体重适当，身材匀称。 ⑦眼睛明亮，反应敏锐。 ⑧牙齿清洁，无龋齿，无疼痛，牙龈颜色正常，无出血现象。 ⑨头发有光泽，无头皮屑。 ⑩肌肉丰富，皮肤富有弹性。 （一条标准10分，共100分）	我的得分： 分析原因： 改进策略：

（2）根据所学内容计算自己的BMI，列出计算过程并进行自评。

任务工作单 3

班级：__________　　姓名：__________　　学号：__________

引导问题：

请利用课后时间采访至少1名成人、1名幼儿，根据以下表格内容了解采访对象对健康的认知并记录下来。

成人采访记录

1. 采访对象基本情况（如性别、年龄、职业等）
2. 采访记录
3. 可粘贴采访照片

幼儿采访记录

1. 采访对象基本情况（如性别、年龄、身高等）

2. 采访记录

3. 可粘贴采访照片

七、评价反馈

班级		姓名		学号		日期	
评价指标	评价内容					分值	得分
信息检索能力	是否能有效利用网络、图书等资源，查找相关信息，是否能将查到的信息有效地运用到学习中					5分	
学习态度	是否积极主动与教师、同学交流，相互尊重、理解，与教师、同学之间是否能保持多向、丰富、适宜的信息交流					5分	
学习方法	是否能运用信息平台学习，完成线上学习任务					15分	
学习成效	是否知道健康的含义、幼儿健康教育的概念					10分	
	是否掌握幼儿健康教育的相关知识					10分	
	是否能分析影响幼儿健康的因素					20分	
健康观	是否认同健康教育对幼儿具有十分重要的意义，重视幼儿身心健康					10分	
课后作业	是否能按时完成课后作业，保质保量填写任务工作单					20分	
自评反馈	是否按时按质完成任务；是否较好地掌握了知识点；是否具有较强的信息分析能力和理解能力；是否具有较为全面、严谨的思维能力，并能条理清楚地表达成文					5分	
评价成绩							
评价人：				评价时间：			

任务2　幼儿健康教育活动的特点与内容

一、任务描述

一名新手教师的烦恼

丹丹是某机关幼儿园新进的幼儿教师。作为一名刚从学校毕业踏入工作岗位的新手教师，丹丹被分配到小一班担任配班教师，和主班教师共同承担班级的保教工作。由于是新学期新组建的小班班级，开学后，丹丹发现幼儿在用餐、自我管理上能力都比较弱，还有的幼儿没有洗手的习惯、不会如厕，等等。丹丹深深认识到需要赶紧帮助幼儿养成良好的健康行为习惯。但由于工作经验欠缺，丹丹既不知道该从何入手，也不知道小班阶段应该培养幼儿哪些行为习惯。

现在请你来帮帮忙，你会怎么帮助丹丹老师?

二、学习目标

(一)知识目标

(1)了解幼儿健康教育活动的特点。
(2)熟悉幼儿健康教育活动的内容与范围，理解学前儿童健康教育内容选择的依据。

(二)能力目标

(1)能根据幼儿健康教育活动的特点，分析幼儿园开展健康教育的形式。
(2)能判断、区分幼儿健康教育领域与其他领域的内容。

(三)素养素质目标

(1)具有反思与改进的意识。
(2)感受幼儿健康教育活动在幼儿园一日生活中的渗透性。
(3)重视幼儿健康，把幼儿的健康放在第一位。

三、学习重难点

(1)重点：幼儿健康教育活动的特点。
(2)难点：幼儿健康教育活动的内容。

四、相关知识链接

（一）幼儿健康教育活动的特点

幼儿健康教育是根据0～6岁儿童身心发展特点，以提高幼儿健康认识、改善幼儿健康态度、培养幼儿健康行为、维护和促进幼儿健康为核心目标而开展的有组织、有计划、有目的的一系列教育活动。

1. 幼儿健康教育活动具有体验性

幼儿健康教育不以传授知识为主要任务，更强调的是改善幼儿的健康态度、培养幼儿的健康行为。教师在教育过程中，应采取相应措施，运用一定的教育教学手段，维护幼儿的健康，使之乐意接受健康卫生知识，改变不正确的健康和卫生态度，形成良好的情感品质。例如，大部分幼儿不喜欢吃芹菜、洋葱之类具有特殊气味的蔬菜，如果教师只是空洞地说教，告诉幼儿要多吃蔬菜，幼儿会感到枯燥无味；如果让幼儿亲自参与播种蔬菜或参与制作食物，让幼儿通过自身操作，体验食物的来之不易或制作过程，感受食物的特性，幼儿就会产生对蔬菜的兴趣和树立科学饮食的意识（如图1–1所示）。又如，个别幼儿不爱运动，如果教师能设计趣味性强、丰富多样的活动，使幼儿在各种游戏活动中体验运动的乐趣、感受运动带来的成就感，幼儿就会爱上运动，在心中埋下热爱体育运动的种子（如图1–2所示）。

图1–1　幼儿亲自参与制作食物

图1–2　幼儿亲身体验各种游戏活动

2. 幼儿健康教育活动具有渗透性

《幼儿园教育指导纲要（试行）》中指出："幼儿园应为幼儿提供健康、丰富的生活和活动环境，满足他们多方面发展的需要，使他们在快乐的童年生活中获得有益于身心发展的经验。"在幼儿的一日生活中，从晨检环节开始，皆能看到和发现健康教育的契机。幼儿健康教育贯穿幼儿一日生活的全过程。

3. 幼儿健康教育活动具有全面性

WHO提出，健康应包括躯体健康、心理健康、社会适应良好和道德健康四个维度。

健康是关乎人身体和精神的良好状态。学前儿童健康教育就是要有组织、有计划、有目的地帮助学前儿童掌握健康知识、树立健康意识，逐渐形成健康生活方式、行为方式，从而促进学前儿童的全面发展。对于学前儿童，由于年龄的特殊性，成人更多关注他们的身体健康，而往往会忽略其心理健康。

4. 幼儿健康教育活动具有生活性

中国教育家陈鹤琴先生提出了“教育应以生活为中心”的教育理念。他认为，教育应当贴近学生的生活实际，以学生的生活为基础，以学生的需求为出发点，在实际生活中进行教育，培养学生的实践能力，实现知识与实际生活的有机结合。中国著名教育家、思想家陶行知在其“生活教育理念”中强调“生活即教育”。他提出，生活教育是给生活以教育，用生活来教育，为生活向前向上的需要而教育。陈鹤琴和陶行知的论述都强调了教育要贴近学生的生活，将学生的实际生活作为教育的出发点和归宿，通过生活化的教育活动培养学生的实际能力和综合素质。

幼儿健康教育是将学习与幼儿的日常生活紧密结合，以幼儿的生活为背景，通过实际操作和亲身体验进行教育。幼儿可以通过游戏、角色扮演、户外活动等方式，学习和体验健康的生活方式、养成健康的行为习惯。

5. 幼儿健康教育活动具有反复性

幼儿健康行为习惯的养成是一个需要长期努力的过程，非一朝一夕就能促成的。要培养幼儿的健康意识和健康行为，就要不断地重复、练习、坚持，每个健康行为都需要经历反复的练习，才能形成习惯。例如，幼儿“饭前洗手”这一健康行为，需要反复多次地要求。只有经过多次重复这个行为，幼儿才会最终形成“饭前洗手”的习惯。

（二）幼儿健康教育的内容

1.《幼儿园教育指导纲要（试行）》中关于健康教育的表述

《幼儿园教育指导纲要（试行）》中指出，幼儿园的教育内容是全面的、启蒙性的，可以相对划分为健康、语言、社会、科学、艺术等五个领域，也可做其他不同的划分。各领域的内容相互渗透，从不同的角度促进幼儿情感、态度、能力、知识、技能等方面的发展。其中，关于健康领域的目标、内容与要求表述如下。

（一）目标

1. 身体健康，在集体生活中情绪安定、愉快；

2. 生活、卫生习惯良好，有基本的生活自理能力；

3. 知道必要的安全保健常识，学习保护自己；

4. 喜欢参加体育活动，动作协调、灵活。

（二）内容与要求

1. 建立良好的师生、同伴关系，让幼儿在集体生活中感到温暖，心情愉快，形成安全感、信赖感。

2. 与家长配合，根据幼儿的需要建立科学的生活常规。培养幼儿良好的饮食、睡眠、盥洗、排泄等生活习惯和生活自理能力。

3. 教育幼儿爱清洁、讲卫生，注意保持个人和生活场所的整洁和卫生。

4. 密切结合幼儿的生活进行安全、营养和保健教育，提高幼儿的自我保护意识和能力。

5. 开展丰富多彩的户外游戏和体育活动，培养幼儿参加体育活动的兴趣和习惯，增强体质，提高对环境的适应能力。

6. 用幼儿感兴趣的方式发展基本动作，提高动作的协调性、灵活性。

7. 在体育活动中，培养幼儿坚强、勇敢、不怕困难的意志品质和主动、乐观、合作的态度。

2.《3～6岁儿童学习与发展指南》中关于健康教育的表述

为深入贯彻《国家中长期教育改革和发展规划纲要（2010—2020年）》和《国务院关于当前发展学前教育的若干意见》，指导幼儿园与家庭实施科学的保育和教育，促进幼儿身心全面、和谐发展，2012年10月教育部颁布《3～6岁儿童学习与发展指南》。该指南将幼儿的学习与发展分为健康、语言、社会、科学、艺术五个领域。每个领域按照幼儿学习与发展最基本、最重要的内容划分为若干方面。每个方面由学习与发展目标、教育建议两个部分组成。

其中，对于健康领域内容的表述如下。

健康包括身体和心理两个方面，是一种在身体上和精神上的完满状态及良好的适应能力。幼儿阶段是儿童身体发育和机能发展极为迅速的时期，也是形成安全感和乐观态度的重要阶段。发育良好的身体、愉快的情绪、强健的体质、协调的动作、良好的生活习惯和基本生活能力是幼儿身心健康的重要标志，也是其他领域学习与发展的基础。

为有效促进幼儿身心健康发展，成人应为幼儿提供合理均衡的营养，保证充足的睡眠和适宜的锻炼，满足幼儿生长发育的需要；创设温馨的人际环境，让幼儿充分感受到亲情和关爱，形成积极稳定的情绪情感；帮助幼儿养成良好的生活与卫生习惯，提高自我保护能力，形成使其终身受益的生活能力和文明生活方式。

幼儿身心发育尚未成熟，需要成人的精心呵护和照顾，但不宜过度保护和包办代替，以免剥夺幼儿自主学习的机会，养成过于依赖的不良习惯，影响其主动性、独立性的发展。

幼儿健康教育内容是为实现幼儿健康教育目标服务的，本书将幼儿健康教育的主要内容划分为生活健康、安全防护、心理健康、运动健康四大模块（如图1–3所示）。

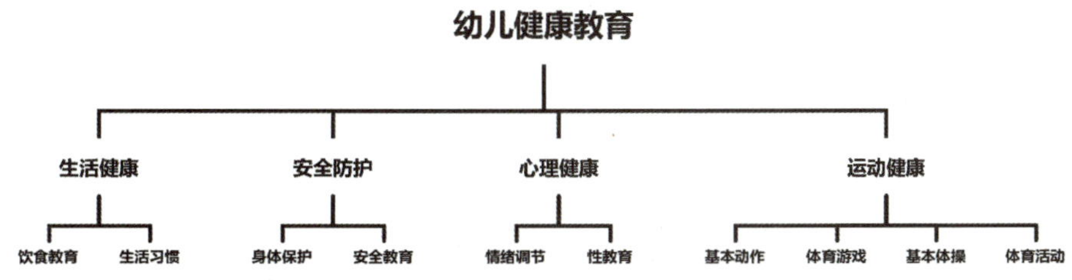

图1–3　幼儿健康教育的主要内容

其中，生活健康模块划分为饮食教育和生活习惯两个项目，主要包含培养幼儿良好的生活卫生习惯、饮食习惯；安全防护模块划分为身体保护与安全教育两个项目，主要包含教会幼儿认识身体器官与重要部位的知识，学习保护自己的身体，懂得安全防护知识以及一些简单的疾病防治知识；心理健康模块主要包含认识情绪，学习调节情绪，学习粗浅的性教育、常见心理障碍等方面的知识；运动健康模块在本书中占比较大的篇幅，也是幼儿健康教育中非常重要的内容，运动在幼儿园中是开展健康教育的重要途径和形式，占有非常重要的地位。体育锻炼的形式多种多样，本书将运动健康模块划分为基本动作、体育游戏、基本体操、体育活动四个学习任务进行介绍。

五、思想政治素养养成

集体教学与个别化教育

集体教学是幼儿园开展教育活动的一种重要组织形式。集体教学通过明确的教育目标、有效的教育过程提升教学的效益，使得幼儿可以在最短的时间内实现对教学内容的认知和掌握，同时，集体教学也是有效纾解教师数量不足这一问题的重要举措，在当前我国幼儿园教育教学体系中占有重要的地位。由于幼儿的学习具有整体性、经验性、探究性和发展性，培养幼儿良好的学习与个性品质对于提升幼儿的自主学习能力和促进幼儿的终身发展具有重要意义。集体教学容易使一部分幼儿被忽略。因此，幼儿园教育开始从面向集体走向关注幼儿个体，从教师的教学走向幼儿的自主学习。幼儿教师应该在尊重幼儿学习主体性的基础上，为幼儿提供充分的个别化学习机会。个别化学习不仅表现为一种教育组织和形式，其最根本的思想是要依据每个幼儿的学习水平和学习需求，为其创造更适宜的学习环境，以不断提升幼儿的发展品质。

个别化学习能满足幼儿个性化学习需要，实现幼儿对学习的主动参与和自主探索。要实现个别化教育，首先要加大对区域活动的运用力度，为幼儿的个性化学习创造更适宜的探索环境；其次要完善活动课程建设，为幼儿的个别化自主学习提供良好的条件和内容支持；最后要注重提升幼儿教师的专业能力。

（资料来源：杨文：《从集体教学到个别化学习：幼儿园教育改革的必然》，《学前教育研究》2020年第10期）

阅读以上材料，结合我国当前国情，谈谈你对集体教学和个别化教育的看法。请思考：在大班额现状下，如何支持幼儿的个别化学习需要？

六、任务实施

任务工作单 1

班级：__________　　姓名：__________　　学号：__________

结合设计幼儿健康教育活动的要求，判断以下说法的正误。（每题2分，共20分）

题　目	正/误
1. 在设计幼儿健康教育活动时，只需要考虑幼儿年龄阶段发展目标，不用考虑幼儿的兴趣爱好。	
2. 幼儿健康教育活动方案包含活动名称、活动准备、活动过程、活动延伸四个部分。	
3. 幼儿健康教育活动具有很强的渗透性，应注重利用幼儿一日生活环节开展。	
4. 设计幼儿健康教育活动要坚持科学性原则，确保活动内容的正确性。	
5. 选择幼儿健康教育活动的内容，只需要参考《3～6岁儿童学习与发展指南》。	
6. 幼儿健康教育活动目标非常重要，是设计幼儿健康教育活动最重要的部分。	
7. 编写幼儿健康教育活动方案时应避免第一视角陈述，用语要规范、书面化。	
8. 幼儿健康教育活动可以延伸到亲子活动、区域活动、社会实践活动、其他集体活动等。	
9. 编写幼儿健康教育活动方案过程时，可以参考给定的模板，根据固定框架的提示进行创新和完善。	
10. 设计幼儿健康教育活动时，应遵循幼儿身心发展规律，尊重幼儿的个性化发展。	

任务工作单 2

班级：__________ 姓名：__________ 学号：__________

引导问题：

认真阅读课前案例，案例中的丹丹老师对于如何帮助幼儿养成良好的健康行为习惯不知道该从何入手，请查阅《3～6岁儿童学习与发展指南》，帮她想一想幼儿健康教育可以从哪些方面着手并提供一份幼儿健康教育活动名称的清单供丹丹老师选择。（注意：她所带班级为小班）

任务工作单 3

班级：__________　　　　姓名：__________　　　　学号：__________

引导问题：

根据任务工作单2中拟定的幼儿健康教育活动名称，选择其中一个，查找和整理一份你认为优秀的活动方案，并粘贴在框内。

七、评价反馈

<table>
<tr><td>班级</td><td></td><td>姓名</td><td></td><td>学号</td><td></td><td>日期</td><td></td></tr>
<tr><td>评价指标</td><td colspan="5">评价内容</td><td>分值</td><td>得分</td></tr>
<tr><td>信息检索能力</td><td colspan="5">是否能有效利用网络、图书等资源查找相关信息，是否能将查到的信息有效地运用到学习中</td><td>5分</td><td></td></tr>
<tr><td>学习态度</td><td colspan="5">是否积极主动与教师、同学交流，相互尊重、理解，与教师、同学之间是否能保持多向、丰富、适宜的信息交流</td><td>5分</td><td></td></tr>
<tr><td>拓展延伸</td><td colspan="5">是否能运用学校图书馆或网络平台，完成幼儿健康教育活动案例收集任务</td><td>15分</td><td></td></tr>
<tr><td rowspan="3">学习成效</td><td colspan="5">是否知道幼儿健康教育活动的特点与内容</td><td>10分</td><td></td></tr>
<tr><td colspan="5">是否掌握幼儿健康教育活动的相关知识</td><td>10分</td><td></td></tr>
<tr><td colspan="5">是否能判断和区分幼儿健康教育领域的内容</td><td>20分</td><td></td></tr>
<tr><td>健康观</td><td colspan="5">是否认同健康教育对幼儿具有十分重要的意义，重视幼儿身心健康</td><td>10分</td><td></td></tr>
<tr><td>课后作业</td><td colspan="5">是否能按时完成课后作业，保质保量填写任务工作单</td><td>20分</td><td></td></tr>
<tr><td>自评反馈</td><td colspan="5">是否按时按质完成任务；是否较好地掌握了知识点；是否具有较强的信息分析能力和理解能力；是否具有较为全面、严谨的思维能力，并能条理清楚地表达成文</td><td>5分</td><td></td></tr>
<tr><td colspan="6">评价成绩</td><td colspan="2"></td></tr>
<tr><td colspan="4">评价人：</td><td colspan="4">评价时间：</td></tr>
</table>

项目二　幼儿健康教育活动的设计

任务1　撰写幼儿健康教育活动目标

一、任务描述

比塞尔的故事

在浩瀚的非洲西撒哈拉沙漠深处，有一个小村庄叫“比塞尔”，它紧贴在一块仅有1.5平方千米的绿洲旁。在肯莱文发现它之前，这里是一个封闭而落后的地方。这儿没有一个人走出过沙漠，据说不是他们不愿离开这块贫瘠的土地，而是尝试过很多次都没有走出去。

肯莱文当然不相信这种说法。他用手语向这儿的人问原因，结果每个人的回答都一样：从这儿无论向哪个方向走，最后都还是转回出发的地方。为了证实这种说法，他做了一次试验，从比塞尔向北走，结果三天半就走了出来。

比塞尔人为什么走不出来呢？肯莱文非常纳闷，最后他只得雇一个比塞尔人，让他带路，看看到底是为什么。他们带了半个月的水，牵了一匹双峰骆驼，肯莱文收起指南针等现代设备，只拄一根木棍跟在后面。十天过去了，他们走了大约八百英里的路程，在第十一天的早晨，他们果然又回到了比塞尔。这一次肯莱文终于明白了，比塞尔人之所以走不出沙漠，是因为他们根本就不认识北斗星。

在一望无际的沙漠里，一个人如果只凭着感觉往前走，他会走出许多大小不一的圆圈，最后形成的足迹十有八九会是一把卷尺的形状。比塞尔处在浩瀚的沙漠中间，方圆上千千米没有一点参照物，若不认识北斗星又没有指南针，那么想走出沙漠，确实是不可能的。

肯莱文在离开比塞尔时，带了一位叫阿古特尔的青年，就是上次和他合作的人。他告诉这位青年，只要你白天休息，夜晚朝着北面那颗星走，就能走出沙漠。阿古特尔照着去做，三天之后果然来到了沙漠的边缘。现在，比塞尔已是西撒哈拉沙漠中的一颗明珠，每年有数以万计的旅游者来到这儿。阿古特尔因此成为比塞尔的开拓者，他的铜像竖在比塞尔小城的中央。铜像的底座上刻着一行字：新生活是从选定方向开始的。

从上面的故事中，你学到了什么？

二、学习目标

（一）知识目标

（1）了解幼儿健康教育的总目标及分类目标。

（2）掌握《3～6岁儿童学习与发展指南》中幼儿健康教育领域的各年龄阶段目标。

（3）熟悉幼儿健康教育活动目标的撰写要求。

（二）能力目标

（1）尝试记忆《3～6岁儿童学习与发展指南》中健康领域的一级目标。

（2）能正确判断幼儿各年龄段的学习与发展目标。

（3）学习科学制定幼儿健康领域活动的具体活动目标。

（4）能识别、区分幼儿健康教育领域与其他领域的内容。

（三）素养素质目标

（1）开展幼儿健康教育活动时，具有目标导向的意识。

（2）积极查阅《3～6岁儿童学习与发展指南》，建立使用该指南设计活动、制定目标的意识。

（3）主动关注幼儿健康教育领域方面的发展，乐于学习健康相关内容。

三、学习重难点

（1）重点：幼儿健康教育领域的总目标与各年龄阶段目标。

（2）难点：幼儿健康教育领域具体活动目标的撰写。

四、相关知识链接

（一）教育目的

教育目的是指一个国家、民族通过教育，把受教育者培养成为什么样的人，它是国家对培养人才的质量和规格的总体要求。

《中华人民共和国教育法》规定，教育必须为社会主义现代化建设服务，必须与生产劳动和社会实践相结合，培养德、智、体、美、劳全面发展的社会主义建设者和接班人。这一教育目的确定了我国社会主义初级阶段教育对象的发展方向。它是一切教育活动的出发点和归宿。

（二）幼儿园教育目标[①]

《幼儿园工作规程》中指出，幼儿园的任务是“按照保育与教育相结合的原则，遵循幼儿身心发展特点和规律，实施智、德、体、美等方面全方面发展的教育，促进幼儿身心和谐发展”。

学前儿童健康教育目标是学前儿童身心发展要达到的预期健康水平，是学前儿童健康教育活动的出发点和归宿。从幼儿个体发展的角度来看，实施健康教育要达到的目标有以下几个方面：保障儿童身体的良好发育，促进儿童智力的良好发展，增强儿童情绪的良好适应。

（三）马斯洛需要层次理论

需要层次理论既是解释人格的重要理论，也是解释动机的重要理论，1943年由美国著名犹太裔人本主义心理学家亚伯拉罕·马斯洛（Abraham Maslow）提出。马斯洛认为，动机是由多种不同层次与性质的需要所组成的，而各种需要间有高低层次与顺序之分，每个层次的需要与满足的程度，将决定个体的人格发展境界。如图1–4所示，需要层次理论将人的需要由低到高划分为五个层次，并分别提出激励措施。其中，底部的四种需要（生理需要、安全需要、爱和归属的需要、尊重的需要）可称为“缺乏型需要”，只有满足了这些需要个体才能感到基本上舒适。顶部的需要（自我实现需要）可称为“成长型需要”，因为它主要是为了个体的成长与发展。

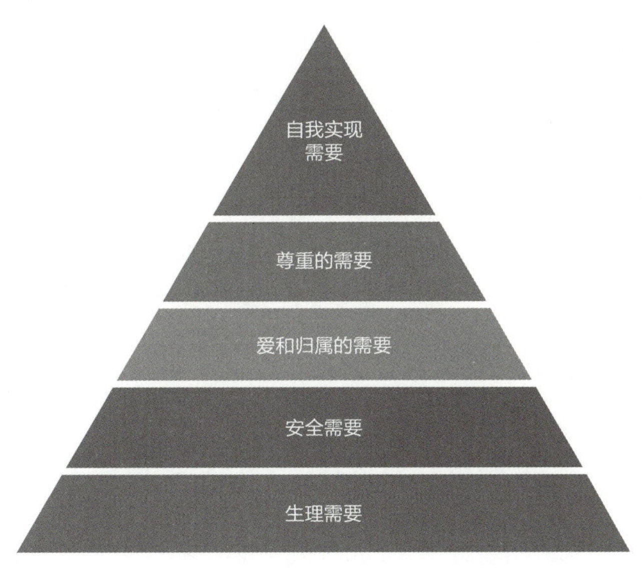

图1–4　马斯洛需要层次理论

（四）布鲁姆教育目标分类理论

布鲁姆（B. Bloom）是美国教育心理学家，首创“教育目标分类学”。如图1–5所示，

① 庞建萍，柳倩.学前儿童健康教育与活动指导[M].上海：华东师范大学出版社，2015.

布鲁姆将教育目标划分为认知领域、动作技能领域和情感领域，三个领域共同构成教育目标体系。其“教学目标分类学”的贡献主要在认知领域。

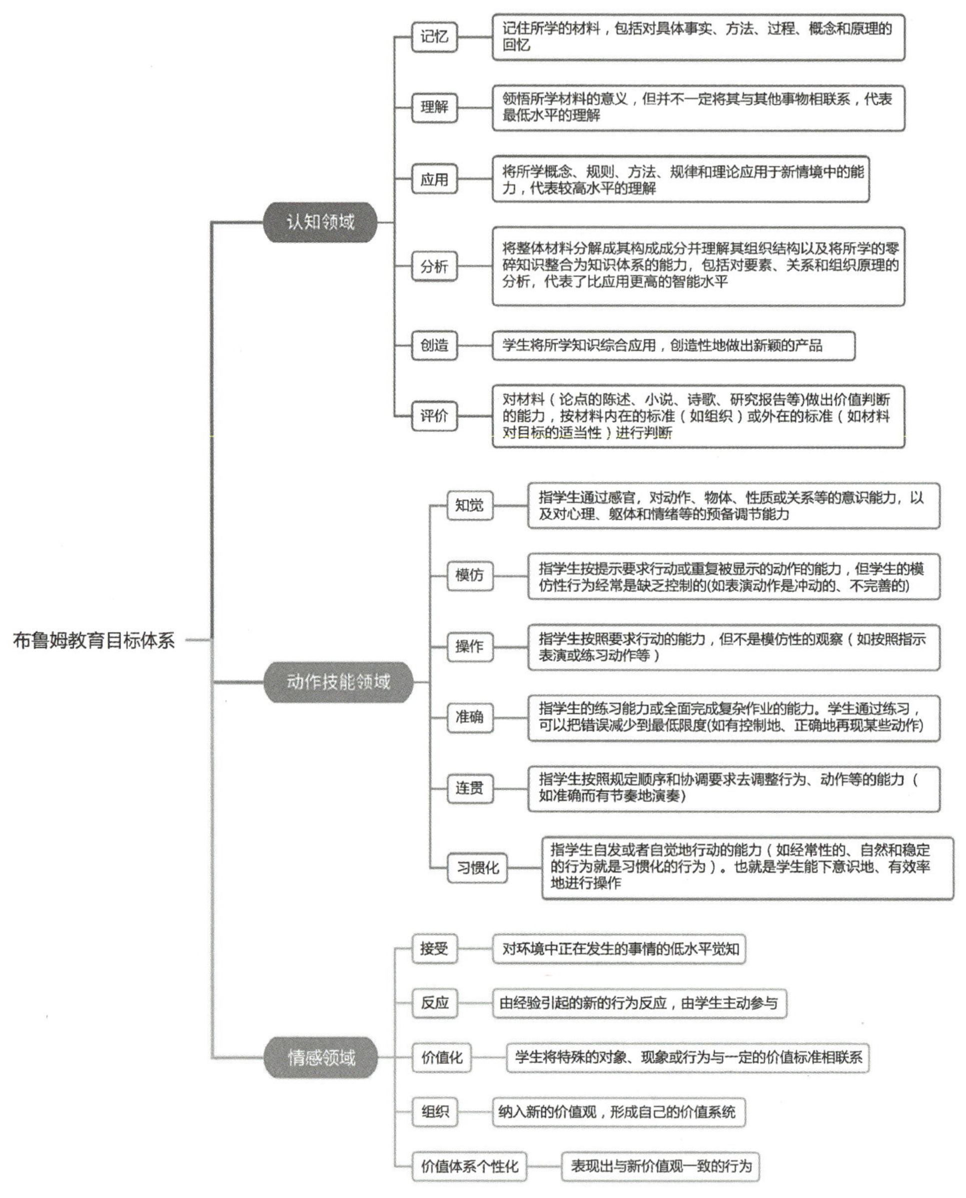

图1–5　布鲁姆教育目标体系

（五）《幼儿园教育指导纲要（试行）》中的健康领域目标

《幼儿园教育指导纲要（试行）》中指出，幼儿园的教育内容是全面的、启蒙性的，可以相对划分为健康、语言、社会、科学、艺术等五个领域，也可做其他不同的划分。各领域的内容相互渗透，从不同的角度促进幼儿情感、态度、能力、知识、技能等方面的发展。其中，关于健康领域的总目标表述如下。

（1）身体健康，在集体生活中情绪安定、愉快；
（2）生活、卫生习惯良好，有基本的生活自理能力；
（3）知道必要的安全保健常识，学习保护自己；
（4）喜欢参加体育活动，动作协调、灵活。

（六）《3～6岁儿童学习与发展指南》中的健康领域内容

《3～6岁儿童学习与发展指南》是指导幼儿园与家庭实施科学保育和教育的重要参考依据。《3～6岁儿童学习与发展指南》为幼儿后续学习和终身发展奠定良好的素质基础，以促进幼儿德、智、体、美、劳各方面的协调发展为核心，通过提出3～6岁幼儿各年龄阶段的学习与发展目标，帮助家长和教师了解该阶段幼儿的基本发展规律与特点，从而建立对幼儿发展的合理期望。表1–2中呈现了《3～6岁儿童学习与发展指南》中3～6岁幼儿各年龄阶段在健康领域中的具体发展目标。

表1–2　《3～6岁儿童学习与发展指南》中健康领域各年龄阶段具体发展目标

子领域	一级目标	各年龄阶段具体发展目标		
		3～4岁	4～5岁	5～6岁
身心状况	目标1 具有健康的体态	1. 身高和体重适宜。参考标准： 男孩： 身高：94.9～111.7厘米 体重：12.7～21.2公斤 女孩： 身高：94.1～111.3厘米 体重：12.3～21.5公斤 2. 在提醒下能自然坐直、站直	1. 身高和体重适宜。参考标准： 男孩： 身高：100.7～119.2厘米 体重：14.1～24.2公斤 女孩： 身高：99.9～118.9厘米 体重：13.7～24.9公斤 2. 在提醒下能保持正确的站、坐和行走姿势	1. 身高和体重适宜。 参考标准： 男孩： 身高：106.1～125.8厘米 体重：15.9～27.1公斤 女孩： 身高：104.9～125.4厘米 体重：15.3～27.8公斤 2. 经常保持正确的站、坐和行走姿势
	目标2 情绪安定愉快	1. 情绪比较稳定，很少因一点小事哭闹不止 2. 有比较强烈的情绪反应时，能在成人的安抚下逐渐平静下来	1. 经常保持愉快的情绪，不高兴时能较快缓解 2. 有比较强烈的情绪反应时，能在成人提醒下逐渐平静下来 3. 愿意把自己的情绪告诉亲近的人，一起分享快乐或求得安慰	1. 经常保持愉快的情绪。知道引起自己某种情绪的原因，并努力缓解 2. 表达情绪的方式比较适度，不乱发脾气 3. 能随着活动的需要转换情绪和注意力
	目标3 具有一定的适应能力	1. 能在较热或较冷的户外环境中活动 2. 换新环境时情绪能较快稳定，睡眠、饮食基本正常 3. 在帮助下能较快适应集体生活	1. 能在较热或较冷的户外环境中连续活动半小时左右 2. 换新环境时较少出现身体不适 3. 能较快适应人际环境中发生的变化。如换了新教师能较快适应	1. 能在较热或较冷的户外环境中连续活动半小时以上 2. 天气变化时较少感冒，能适应车、船等交通工具造成的轻微颠簸 3. 能较快融入新的人际关系环境。如换了新的幼儿园或班级能较快适应

续表

<table>
<tr><th rowspan="2">子领域</th><th rowspan="2">一级目标</th><th colspan="3">各年龄阶段具体发展目标</th></tr>
<tr><th>3～4岁</th><th>4～5岁</th><th>5～6岁</th></tr>
<tr><td rowspan="3">动作发展</td><td>目标1
具有一定的平衡能力，动作协调、灵敏</td><td>1. 能沿地面直线或在较窄的低矮物体上走一段距离
2. 能双脚灵活交替上下楼梯
3. 能身体平稳地双脚连续向前跳
4. 分散跑时能躲避他人的碰撞
5. 能双手向上抛球</td><td>1. 能在较窄的低矮物体上平稳地走一段距离
2. 能以匍匐、膝盖悬空等多种方式钻爬
3. 能助跑跨跳过一定距离，或助跑跨跳过一定高度的物体
4. 能与他人玩追逐、躲闪跑的游戏
5. 能连续自抛自接球</td><td>1. 能在斜坡、荡桥和有一定间隔的物体上较平稳地行走
2. 能以手脚并用的方式安全地攀爬攀登架、网等
3. 能连续跳绳
4. 能躲避他人滚过来的球或扔过来的沙包
5. 能连续拍球</td></tr>
<tr><td>目标2
具有一定的力量和耐力</td><td>1. 能双手抓杠悬空吊起10秒左右
2. 能单手将沙包向前投掷2米左右
3. 能单脚连续向前跳2米左右
4. 能快跑15米左右
5. 能连续行走1公里左右（途中可适当停歇）</td><td>1. 能双手抓杠悬空吊起15秒左右
2. 能单手将沙包向前投掷4米左右
3. 能单脚连续向前跳5米左右
4. 能快跑20米左右
5. 能连续行走1.5公里左右（途中可适当停歇）</td><td>1. 能双手抓杠悬空吊起20秒左右
2. 能单手将沙包向前投掷5米左右
3. 能单脚连续向前跳8米左右
4. 能快跑25米左右
5. 能连续行走1.5公里以上（途中可适当停歇）</td></tr>
<tr><td>目标3
手的动作灵活协调</td><td>1. 能用笔涂涂画画
2. 能熟练地用勺子吃饭
3. 能用剪刀沿直线剪，边线基本吻合</td><td>1. 能沿边线较直地画出简单图形，或能将边线基本对齐地折纸
2. 会用筷子吃饭
3. 能沿轮廓线剪出由直线构成的简单图形，边线吻合</td><td>1. 能根据需要画出图形，线条基本平滑
2. 能熟练使用筷子
3. 能沿轮廓线剪出由曲线构成的简单图形，边线吻合且平滑
4. 能使用简单的劳动工具或用具</td></tr>
<tr><td rowspan="2">生活习惯与生活能力</td><td>目标1
具有良好的生活与卫生习惯</td><td>1. 在提醒下，按时睡觉和起床，并能坚持午睡
2. 喜欢参加体育活动
3. 在引导下，不偏食、挑食。喜欢吃瓜果、蔬菜等新鲜食品
4. 愿意饮用白开水，不贪喝饮料
5. 不用脏手揉眼睛，连续看电视等不超过15分钟
6. 在提醒下，每天早晚刷牙、饭前便后洗手</td><td>1. 每天按时睡觉和起床，并能坚持午睡
2. 喜欢参加体育活动
3. 不偏食、挑食，不暴饮暴食。喜欢吃瓜果、蔬菜等新鲜食品
4. 常喝白开水，不贪喝饮料
5. 知道保护眼睛，不在光线过强或过暗的地方看书，连续看电视等不超过20分钟
6. 每天早晚刷牙、饭前便后洗手，方法基本正确</td><td>1. 养成每天按时睡觉和起床的习惯
2. 能主动参加体育活动
3. 吃东西时细嚼慢咽
4. 主动饮用白开水，不贪喝饮料
5. 主动保护眼睛。不在光线过强或过暗的地方看书，连续看电视等不超过30分钟
6. 每天早晚主动刷牙，饭前便后主动洗手，方法正确</td></tr>
<tr><td>目标2
具有基本的生活自理能力</td><td>1. 在帮助下能穿脱衣服或鞋袜
2. 能将玩具和图书放回原处</td><td>1. 能自己穿脱衣服、鞋袜，扣纽扣
2. 能整理自己的物品</td><td>1. 能知道根据冷热增减衣服
2. 会自己系鞋带
3. 能按类别整理好自己的物品</td></tr>
</table>

续表

子领域	一级目标	各年龄阶段具体发展目标		
		3～4岁	4～5岁	5～6岁
生活习惯与生活能力	目标3 具备基本的安全知识和自我保护能力	1. 不吃陌生人给的东西，不跟陌生人走 2. 在提醒下能注意安全，不做危险的事 3. 在公共场所走失时，能向警察或有关人员说出自己和家长的名字、电话号码等简单信息	1. 知道在公共场合不远离成人的视线单独活动 2. 认识常见的安全标志，能遵守安全规则 3. 运动时能主动躲避危险 4. 知道简单的求助方式	1. 未经大人允许不给陌生人开门 2. 能自觉遵守基本的安全规则和交通规则 3. 运动时能注意安全，不给他人造成危险 4. 知道一些基本的防灾知识

（七）幼儿园健康教育目标的层次结构

微课：幼儿健康教育活动目标

结合学前儿童身心发展的特点及健康教育活动自身的特殊性，可以将幼儿园健康教育目标从上到下分为总目标、年龄阶段目标、学期目标、月目标、周目标、具体活动目标六个层次。

总目标是确定其他层次目标的依据，来源于《幼儿园教育指导纲要（试行）》中关于健康领域目标的概述；年龄阶段目标是以不同年龄阶段儿童的身心发展特征为依据而确定的，强调学前儿童健康教育的适宜性和发展性，来源于《3～6岁儿童学习与发展指南》；学期目标是教师在制订班级学期计划时需要将各领域的发展目标考虑进来，幼儿园健康教育要围绕总目标制定学年目标，再分解至学期目标、月目标、周目标，最后通过具体的教育活动达成一系列目标。①

（八）幼儿健康教育领域活动目标的撰写要求

目标的撰写不仅考验个人的文笔功底，也考验其对各年龄阶段幼儿最近发展区的熟悉程度。因此，撰写目标较能体现出一个人的专业能力与水平。在幼儿健康教育活动目标的撰写上，常见错误有：主体不一致、笼统和抽象、过难或过易、表述不科学、领域不清晰等。想要写好幼儿健康教育活动目标，就需要熟悉《3～6岁儿童学习与发展指南》，时刻将《指南》放在心中、拿在手上。在拟定活动目标时，可以先查阅《指南》中的表述，再结合活动内容进行具体活动目标的拟定。撰写目标要注意以下几点。

第一，目标要具有可操作性，不能“大而空”，不能照搬《指南》中的年龄阶段目标。如“学习正确的刷牙方法，养成早晚刷牙的好习惯”这一目标就比较具体、明确，而“具有良好的生活习惯”这一目标就比较笼统。

第二，一个完整的目标表述包括行为、条件、标准等，核心要素是行为的表述，如通过练习扔“炸弹”，掌握单手肩上投掷的动作要领，并能准确投进桶内。

第三，目标表述要清晰、准确，要可检测。例如，能单脚连续向前跳跃2米，该目标能通过幼儿跳跃的方向、距离以及使用单脚跳跃等指标来检测幼儿是否达到目标。

① 胡晓伶，徐浩，殷玉霞.学前儿童健康教育与活动指导[M].长沙：湖南师范大学出版社，2019.

第四，从统一的角度来表述目标。目标的制定要统一教师主体或幼儿主体，一般建议采用以幼儿为主体表述目标。例如，在“喜欢参加投掷活动”这一目标表述中，主体就是幼儿而非教师；在“培养幼儿饭前洗手的习惯”这一目标表述中，主体是教师。由于健康领域活动是为幼儿设计的，是对幼儿发展的合理期望，因此通常采用以幼儿为主体的表述形式。

五、思想政治素养养成

为国育才的使命与担当

2019年7月9日，健康中国行动推进委员会印发的《健康中国行动（2019—2030年）》中提出，每个人是自己健康的第一责任人，对家庭和社会都负有健康责任。普及健康知识，提高全民健康素养水平，是提高全民健康水平最根本最经济最有效的措施之一。当前，我国居民健康素养水平总体仍比较低。2017年，居民健康素养水平只有14.18%。城乡居民关于预防疾病、早期发现、紧急救援、及时就医、合理用药、应急避险等维护健康的知识和技能比较缺乏，不健康生活行为方式比较普遍。科学普及健康知识，提升健康素养，有助于提高居民自我健康管理能力和健康水平。《中国公民健康素养——基本知识与技能》界定了现阶段健康素养的具体内容，是公民最应掌握的健康知识和技能。具体如下。

（1）正确认识健康。健康包括身体健康、心理健康和良好的社会适应能力。遗传因素、环境因素、个人生活方式和医疗卫生服务是影响健康的主要因素。每个人是自己健康的第一责任人，提倡主动学习健康知识，养成健康生活方式，自觉维护和促进自身健康，理解生老病死的自然规律，了解医疗技术的局限性，尊重医学和医务人员，共同应对健康问题。

（2）养成健康文明的生活方式。注重饮食有节、起居有常、动静结合、心态平和。讲究个人卫生、环境卫生、饮食卫生，勤洗手、常洗澡、早晚刷牙、饭后漱口，不共用毛巾和洗漱用品，不随地吐痰，咳嗽、打喷嚏时用胳膊或纸巾遮掩口鼻。没有不良嗜好，不吸烟，吸烟者尽早戒烟，少喝酒，不酗酒，拒绝毒品。积极参加健康有益的文体活动和社会活动。关注并记录自身健康状况，定期健康体检。积极参与无偿献血，健康成人每次献血400毫升不仅不影响健康，还能帮助他人，两次献血间隔不少于6个月。

（3）关注健康信息。学习、了解、掌握、应用《中国公民健康素养——基本知识与技能》和中医养生保健知识。当遇到健康问题时，积极主动获取健康相关信息。提高理解、甄别、应用健康信息的能力，优先选择从卫生健康行政部门等政府部门及医疗卫生专业机构等正规途径获取健康知识。

（4）掌握必备的健康技能。会测量体温、脉搏；能看懂食品、药品、化妆品、保健品的标签和说明书；学会识别常见的危险标识，如高压、易燃、易爆、剧毒、放射性、生物安全等，远离危险物。积极参加逃生与急救培训，学会基本逃生技能与急救技能；

需要紧急医疗救助时拨打120急救电话；发生创伤出血量较多时，立即止血、包扎；对怀疑骨折的伤员不要轻易搬动；遇到呼吸、心脏骤停的伤病员，会进行心肺复苏；抢救触电者时，首先切断电源，不能直接接触触电者；发生火灾时，会拨打火警电话119，会隔离烟雾、用湿毛巾捂住口鼻、低姿逃生。应用适宜的中医养生保健技术方法，开展自助式中医健康干预。

幼儿在社会中是弱势群体，他们不会保护自己、不会抵抗灾害、不能分辨好坏，他们的健康需要成人来守护。作为幼儿教师，帮助幼儿养成健康的生活方式、掌握必备的健康技能，是我们培养健康儿童的目标。培养儿童的健康意识和自我保健能力，不仅能为他们成长为健康公民奠定坚实的基础，也是为国家培育英才贡献力量。这是我们的使命和担当，我们义不容辞。

六、任务实施

任务工作单 1

班级：__________　　　　姓名：__________　　　　学号：__________

学习微课内容，查阅相关资料，请尝试设计和绘制幼儿健康教育目标的层级图。

任务工作单 2

班级：__________　　姓名：__________　　学号：__________

引导问题：

查阅《3～6岁儿童学习与发展指南》，分析以下目标分别是哪个年龄阶段的幼儿健康教育目标，请写在对应的横线上。

目标	年龄阶段
①表达情绪的方式比较适度，不乱发脾气。	________
②能双脚灵活交替上下楼梯。	________
③认识常见的安全标志，能遵守安全规则。	________
④能连续跳绳、拍球。	________
⑤能单手将沙包向前投掷4米左右。	________
⑥会用筷子吃饭。	________
⑦能使用简单的劳动工具或用具。	________
⑧能快跑15米左右。	________
⑨每天早晚主动刷牙，方法正确。	________
⑩能将玩具和图书放回原处。	________

任务工作单 3

班级：__________　　姓名：__________　　学号：__________

引导问题：

认真阅读以下目标，请分析其存在的问题，并结合所学知识进行修改。

1. 认识沙包，学习沙包的多种玩法。 2. 通过玩沙包，让幼儿重点练习单手肩上投物。 3. 激发幼儿参与活动的积极性，从活动中感受和同伴一起玩耍的乐趣。
修改后： 1. 2. 3.

任务工作单 4

班级：__________ 姓名：__________ 学号：__________

引导问题：

请为幼儿健康教育活动“我爱洗手”制定活动目标。

要求：根据各年龄阶段幼儿身心发展规律与特点，分别为小班、中班、大班三个年龄阶段幼儿制定该主题的三维活动目标。

七、评价反馈

班级		姓名		学号		日期	
评价指标	评价内容					分值	得分
信息检索能力	是否能有效利用网络、图书等资源查找相关信息，是否能将查到的信息有效地运用到学习中					5分	
学习态度	是否积极主动与教师、同学交流，相互尊重、理解，与教师、同学之间是否能保持多向、丰富、适宜的信息交流					5分	
学习方法	是否能运用信息平台学习，完成线上学习任务					15分	
学习成效	是否熟悉《3～6岁儿童学习与发展指南》中的幼儿健康教育年龄阶段目标					10分	
	是否掌握幼儿健康教育目标的相关知识					10分	
	是否能制定科学合理的幼儿健康教育领域活动目标					20分	
健康观	是否认同健康教育对幼儿具有十分重要的意义，重视幼儿身心健康					10分	
课后作业	是否能按时完成课后作业，保质保量填写任务工作单					20分	
自评反馈	是否按时按质完成任务；是否较好地掌握了知识点；是否具有较强的信息分析能力和理解能力；是否具有较为全面、严谨的思维能力，并能条理清楚地表达成文					5分	
评价成绩							
评价人：				评价时间：			

任务2　幼儿健康教育活动方案的编写

一、任务描述

幼儿园教师基本功比赛

王老师所在的幼儿园即将举行一次幼儿园教师基本功比赛，一方面了解园所教师当前教育教学基本能力水平；另一方面借助比赛，促进教师专业能力发展。其中一项比赛内容为活动设计与实施，考察教师教学基本功。王老师平时组织幼儿活动很有经验，幼儿很喜欢和她一起游戏。但是，王老师对于比赛没有把握，她既担心自己设计的题材不够新颖，也担心编写的文本不符合要求。

如果邀请你到幼儿园协助王老师，那么你会怎么帮助她？

二、学习目标

（一）知识目标

（1）掌握幼儿健康教育活动的基本流程与方案框架。

（2）知道幼儿园教案的基本框架。

（二）能力目标

（1）能基本按照格式要求编写幼儿健康教育活动方案。

（2）能根据幼儿健康教育活动实施效果进行活动反思。

（三）素养素质目标

（1）主动结合专业理论知识进行反思与改进。

（2）尊重幼儿的主体地位，认同教师支持者、引导者角色，乐于把幼儿发展放在第一位。

三、学习重难点

（1）重点：幼儿健康教育活动方案的格式。

（2）难点：能按幼儿发展目标设计科学适宜的幼儿健康教育活动方案。

四、相关知识链接

（一）幼儿健康教育活动设计的原则

幼儿健康教育活动设计的原则是教育者设计实施幼儿健康教育领域活动的基本准则。

它是根据开展幼儿健康教育的目的、任务和幼儿年龄特点制定的。同时，作为评价幼儿健康教育领域活动的依据，幼儿健康教育活动设计的原则对幼儿教师设计健康活动具有一定的指导和参考价值。

1. 主体性原则

幼儿健康教育活动设计的主体性原则是指坚持以幼儿为主体，在制定目标、选择活动内容、开展活动形式时充分考虑幼儿的主体地位，根据幼儿的身心发展特点与规律设计和组织活动。

2. 科学性原则

幼儿健康教育活动设计的科学性原则是指目标的制定、内容的选择、教学方法要科学。即要传授正确的健康知识，概念要明确，数据要可靠，帮助幼儿养成健康行为和习惯。

3. 发展性原则

幼儿健康教育活动设计的发展性原则是指遵循“最近发展区”理念，设计活动既要考虑整体性，又要注重幼儿之间的个别差异；既要关注眼前，又要放眼终身发展。必须根据儿童认知的规律，设计好活动的程序，使健康教育活动能循序渐进地促进幼儿的健康发展。

4. 整合性原则

《幼儿园教育指导纲要（试行）》中提出，教育活动内容的组织应充分考虑幼儿的学习特点和认识规律，各领域的内容要有机联系、相互渗透，注重综合性、趣味性、活动性，寓教育于生活、游戏中。在儿童的成长中，我们强调培养全面发展的人，可见人的成长是不能人为地割裂开来的。在幼儿教育中，根据教育内容的特点划分了五大领域，但并不意味着我们在设计和组织教育教学活动时，要一味地将幼儿各方面的发展分开。因为在实际操作中，我们会发现有的活动是融入了各领域的，有时健康领域活动中会渗透其他领域的内容。如在“我会过马路”的活动中，除了健康领域中安全教育的体现外，也有社会领域中“遵守规则”内容的体现，因此，我们在设计幼儿健康教育活动时，可以其中一个领域为主，适当整合其他领域的内容，这样既能丰富活动内容、激发幼儿兴趣，也能提高活动本身的价值。因此，在设计教育教学活动时，我们要具有整合思想，坚持整合性原则，发挥教育的最大功效。

5. 渗透性原则

一日生活皆课程。幼儿在园一日生活的各环节，都蕴含了教育的契机、渗透了教育的内涵，因此，要把握住幼儿园一日生活的各个环节，因地制宜地开展教育活动。同时，健康关系到千家万户的幸福，要注意与家庭和社区的协同育人，最大限度提高幼儿健康教育的成效。

（二）开展幼儿健康教育活动的途径

健康教育在幼儿园中无处不在，一日生活各环节都渗透着健康教育的契机。教师要善于观察和发现，了解幼儿健康成长的需要，在一日生活中充分开展健康教育，培养幼儿健康的行为习惯。图1–6为开展幼儿健康教育活动的一般途径。

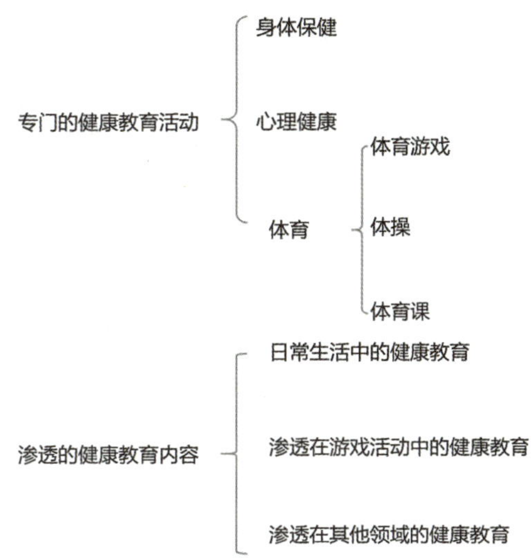

图1–6 开展幼儿健康教育活动的一般途径

（三）设计幼儿健康教育活动的基本流程

专门的健康教育活动是指教师专门为幼儿设计和组织的、以维护和促进幼儿身心健康为目的的教育活动，是教师有组织、有计划、有目的地围绕某一个健康主题开展的，可以帮助幼儿系统地学习健康知识、掌握健康行为、巩固健康习惯。设计幼儿健康教育活动的基本流程如下。

1. 分析学情

幼儿健康教育活动是为幼儿设计的。因此，在设计活动前，应先对活动对象的学习情况进行分析，即分析活动对象的发展水平和发展需要。分析学情，必须建立在对幼儿身心健康发展水平进行观察、调查的基础上客观分析，不能凭借主观印象。同时，结合活动选择内容，既要全面把握幼儿在该方面的年龄阶段特点和规律［具体可参考《幼儿园教育指导纲要（试行）》和《3～6岁儿童学习与发展指南》］，又要真正地了解本班幼儿的实际发展水平和兴趣特点。

2. 选择活动内容

活动内容的选择，一方面，可来源于现有课程，如有的幼儿园建立了园本课程体系，可从园本课程中选取，或从幼儿园使用的教材中选取；另一方面，可从活动中观察到的幼儿的兴趣爱好、生活经验中生成。

选择活动内容时要思考清楚：关于活动内容，幼儿的已有经验是什么；需要培养哪方面的能力和素质；可以用什么方式呈现；可以采用哪些课程资源？在确定活动目标前将这些问题考虑清楚，设计活动时就能做到心中有数。

3. 确定活动目标

活动目标是活动的出发点和落脚点，不仅指导活动的开展，也是检验活动效果的重要指标，可以说，活动目标是幼儿健康教育活动方案中最重要的部分，它能决定活动的成败。制定活动目标，首先要注意目标的适宜性、全面性，其次要注意目标的表述应符合规范。

4. 做好活动准备

活动准备是确保活动目标实现和活动顺利进行的保证。教师和幼儿都应做好充分的准备工作，包括相关的知识经验的准备、物质材料的准备、场地的准备等。

5. 设计游戏化的活动过程

游戏是幼儿园活动的基本形式，活动过程是整个幼儿健康教育活动的核心部分。活动过程的设计首先要能吸引幼儿、能实现活动目标；其次要注意开展的层次性和逻辑性，循序渐进地进行；最后幼儿健康教育活动要注重促进幼儿的身心发展，有利于幼儿健康行为的养成。

6. 勿忘活动延伸

活动延伸常常被遗忘。活动延伸不仅仅是针对该活动的，还要在知识、情感、技能上不断激发幼儿的兴趣，把学习活动引入更深层次，进一步丰富幼儿相关知识和技能。好的教育不是止步于某一个特定的活动，而是长期的、持续的过程，尤其是幼儿健康教育领域中强调的健康行为、习惯的培养，更需要不断向家园共育、其他领域、区域活动等进行延伸。

（四）撰写幼儿健康教育活动方案

幼儿健康教育活动方案的编写要符合一般规范。一般而言，幼儿园集体教学活动的教案应包含活动名称、活动目标、活动重难点等七个部分。

1. 活动名称

活动名称应包括年龄阶段、活动内容与名称，如大班体育活动“我是小战士”。活动名称的拟定既要童趣化，易于幼儿理解，也要能概括活动大致内容，通过活动名称能看出活动的重点。

2. 活动目标

活动目标是活动实施前对某一次或某几次教育活动所期望幼儿获得的某些发展，也是各教育领域目标最下位的概念。教师应根据幼儿的年龄特点、原有水平和能力、活动内容与性质来确定具体的活动目标。活动目标是一种对实践活动的价值追求，是可观察、可测量、可明确界定的；具体指导着教育活动的进行，并通过教育活动效果的反馈不断得到调整和完善。

首先，幼儿健康教育活动目标的表述要具有可操作性，避免过于笼统、概括和抽象。如“学习正确的刷牙方法，养成早晚刷牙的好习惯”这一目标就比较具体、明确，而“具有良好的生活习惯”这一目标就比较笼统。其次，目标的表述要清晰、准确、可检测，不能用活动过程或方法代替。一个完整的目标表述应包括行为、条件、标准等，核心要素是行为的表述，如通过练习扔“炸弹”，掌握单手肩上投掷的动作要领，并能准确投进桶内。最后，目标的表述要从统一的角度表述，一方面可以从教师教的角度出发确定目标，另一方面可以从幼儿学的角度确定目标，注意出发点要一致，表述的主体要一致。

3. 活动重难点

活动重点是本次教学活动的重要目标，活动难点是对幼儿学习过程中可能出现的困难的预估。一般来讲，重点是针对目标和内容而言的，难点是针对幼儿而言的；重点是为了突出和强化，难点是为了帮助和克服。

4. 活动准备

活动准备包办了活动过程中幼儿必需的知识经验、心理准备，材料和教师的准备等。一般分为经验准备、物质准备和环境准备。

5. 活动过程

活动过程是活动开始实施后从开始到结束的部分，包括导入、基础活动安排、提问设计、活动形式方法、总结等。活动过程的表述切忌写成教师的讲稿，要规范使用书面语言，以叙述语陈述各环节中教师的教育行为，表述清楚每个环节的主要内容、重要环节可以取小标题。

活动过程的设计要注意趣味性强、操作性强、逻辑性强，层层递进、环环相扣，以游戏为载体，注重幼儿体验感。

6. 活动延伸

活动延伸是对本次活动的某些知识点或能力可以在其他方面进行进一步学习的计划。

7. 活动反思

活动反思是指教师在教学活动结束后针对活动目标的达成情况、幼儿表现、幼儿发展等方面进行反思，是教师专业发展必不可少的步骤和最优途径。通过自我诊断，找到自己在设计和组织活动中的优势与不足，以便及时调整和改进工作，促进儿童发展、提高活动质量、促进自身专业成长。

五、思想政治素养养成

窗

有个太太多年来不断抱怨对面的太太很懒惰：“那个女人的衣服永远洗不干净。看，她晾在外院子里的衣服，总是有斑点，我真的不知道，她怎么连洗衣服都洗成那个样子……”

直到有一天，有个明察秋毫的朋友到她家，才发现不是对面的太太衣服洗不干净。细心的朋友拿了一块抹布，把这个太太的窗户上的灰渍抹掉，说：“看，这不就干净了吗？”

原来，是自己家的窗户脏了。

谈谈这个故事对你的启发。

六、任务实施

任务工作单 1

班级：__________　　姓名：__________　　学号：__________

引导问题：

在撰写教案时，我们常常会将教案写成教师的讲稿。认真阅读以下教案，根据所学知识对其进行修改。

问题教案	修改后
一、导入部分 师：小朋友们，现在老师是蚂蚁妈妈，蚂蚁妈妈要带你们去森林玩游戏啦。 幼：好的，妈妈。	
二、基本部分 师：小朋友们，我们一起玩蚂蚁搬家的游戏。游戏规则你们要听清楚、记心里…… 师：小朋友们，这个游戏好不好玩？我们再玩一次。 幼：好的。	

任务工作单 2

班级：__________　　姓名：__________　　学号：__________

引导问题：

阅读教案“萌宝寻宝”，了解其设计思路，尝试分析和改进该教案。

活动名称		萌宝寻宝（小班下学期、健康领域）	我的分析
活动目标	认知目标	知道跳跃时要与别人保持距离	
	能力目标	学习单脚连续向前跳跃，动作协调并能保持身体平衡	
	情感目标	能坚持跳跃到终点，不轻易放弃	
活动重难点		重点：单脚连续跳跃的动作要领	
		难点：跳跃时动作协调并能保持身体平衡	
活动准备	经验准备	学过双脚连续跳跃，能根据规定线路跳跃到终点； 会单脚站立； 参加过集体体育活动，会听从简单的指令	
	物质准备	热身音乐《竹兜欢乐跳》、伴奏《运动员进行曲》、舒缓音乐《小太阳》、数字贴纸20个、盒子2个、贴画18个、鹅卵石若干、双面胶（或粉笔）、呼啦圈2个	
	场地准备	起点处 2 米直线 宝石盒 （返回路线） 5　4 3　1 2	
活动过程		一、热身导入，身体预热 1. 和幼儿手拉手围成圈坐下 2. 播放音乐《竹兜欢乐跳》，带领幼儿做热身活动。第一段音乐坐着完成，第二段音乐起立跟跳，重点活动下肢 二、调动经验，集体复习学过的动作 1. 引发思考，组织幼儿从起点移动到终点 提问：我们要从这里到终点，可以怎么过去呢？ 请幼儿站到起点处，一起用双脚跳跃的方式到达终点再返回，复习和巩固双脚连续向前跳跃的动作 2. 强调注意与其他幼儿保持距离，运动时保护好自己 三、增强本领、学习单脚跳 （一）学习单脚跳 1. 创设情境：到达终点只能使用一只脚，请幼儿思考可以怎么做，鼓励幼儿想办法使用一只脚跳到目的地	

续表

活动过程	2.展示新动作——单脚跳，带领幼儿学习该动作，请1～2名动作平稳的幼儿示范 3.自主练习：幼儿自主练习单脚连续跳跃，不断提升身体的协调性和平衡能力；教师巡回指导，针对身体素质较弱的幼儿，加强指导并进行鼓励 （二）寻宝游戏 1.交代游戏玩法：单脚跳跃到终点后寻找宝石，每次只能拿一颗宝石，在回到起点后可再次出发拿取宝石 2.讲解、示范玩法：教师向幼儿示范一遍玩法，跟着地面的直线贴纸标识连续跳跃到终点寻找宝石，拿到宝石后返回时根据地面标识返回。强调规则：根据地上的标识，只用一只脚跳的办法跳跃；跳到终点后从旁边回到队伍末尾 3.播放音乐《运动员进行曲》，组织幼儿游戏。活动过程中注意观察幼儿状态，鼓励幼儿坚持到终点完成任务，返回起点处将宝石交给教师换取贴画 4.音乐结束时游戏结束，请幼儿数一数自己得了几个贴画，请得到贴画数量最多的幼儿分享自己是怎么跳的 四、放松身体、结束活动 1.总结：总结本次活动幼儿学到的单脚跳跃的本领，表扬和肯定幼儿表现 2.播放舒缓音乐《小太阳》，带领幼儿做放松活动：相互按摩、甩甩身体，松弛肌肉、调整呼吸 3.整理器材：组织幼儿将所用器材整理归位	
活动延伸	在户外游戏中，引导幼儿继续练习单脚跳跃； 投放呼啦圈，引导幼儿单脚跳圈，不断巩固单脚跳跃的能力，提高身体的协调性和平衡能力	

任务工作单 3

班级：__________　　姓名：__________　　学号：__________

引导问题：

王老师所带的班级有一名叫菲菲的幼儿，她是一名中班的小女生，体质较弱。在平时的活动中，她不爱参与体育活动，经教师观察发现，菲菲在晨间锻炼时，参与最多的项目是跳呼啦圈，且跳几分钟就走了，很少选择跳绳、滚轮胎、投篮等其他项目。请你帮助她，提高她的体育能力，增强她的身体素质。幼儿园中，有很多像菲菲一样的幼儿需要提高体育能力，增强身体素质。请根据《3～6岁儿童学习与发展指南》和《幼儿园教育指导纲要（试行）》中的目标，结合菲菲的发展需要，设计一个体育活动，并完成教案的撰写。

活动名称	
活动目标	
活动重难点	
活动准备	
活动过程	

活动过程	
活动延伸	
活动反思	

七、评价反馈

班级		姓名		学号		日期	
评价指标	评价内容					分值	得分
信息检索能力	是否能有效利用网络、图书等资源查找相关信息，是否能将查到的信息有效地运用到学习中					5分	
学习态度	是否积极主动与教师、同学交流，相互尊重、理解，与教师、同学之间是否能保持多向、丰富、适宜的信息交流					5分	
学习方法	是否能运用信息平台学习，完成线上学习任务					15分	
学习成效	是否知道幼儿健康教育活动的设计原则					10分	
	是否掌握设计幼儿健康教育活动的基本流程					10分	
	是否能编写幼儿健康教育活动方案					20分	
文字功底	是否能使用书面化文字撰写教案，表述简洁、突出重点、符合规范					10分	
课后作业	是否能按时完成课后作业，保质保量填写任务工作单					20分	
自评反馈	是否按时按质完成任务；是否较好地掌握了知识点；是否具有较强的信息分析能力和理解能力；是否具有较为全面、严谨的思维能力，并能条理清楚地表达成文					5分	
评价成绩							
评价人：				评价时间：			

模块二 幼儿生活健康教育

“幼儿生活健康教育”模块将介绍幼儿健康饮食教育、生活习惯培养两个方面的内容，重点学习并掌握不同年龄阶段幼儿的生活健康教育的目标、内容、规律及相关注意事项，确保幼儿的身体健康。通过“幼儿生活健康教育”模块的学习，学生应掌握幼儿健康生活习惯的核心知识并具备设计相应教育活动的能力。

- 幼儿生活健康教育
  - 健康饮食教育
    - 饮食教育的认知
    - 健康饮食习惯的培养
  - 生活习惯培养
    - 健康生活习惯的认知
    - 健康生活习惯的培养

项目一　健康饮食教育

任务1　饮食教育的认知

一、任务描述

乐乐是一名3岁的小班幼儿。入园第一周，她妈妈就告诉所在班级教师："乐乐只吃素食，肉类一律不吃，并且每次吃饭都要大人喂，不喂就不吃。"于是幼儿园教师对她进行了两周的观察。的确如此，乐乐每餐饭都要教师喂，有时候喂都不吃，一餐饭下来教师要花费近一个小时来喂她吃饭。她看到荤菜就摇摇头说"我不要"，每次都把教师盛在碗里的荤菜挑出来，还皱着眉头，很不高兴。乐乐个子长得不高，面黄肌瘦，走起路来感觉都不大稳。和同龄幼儿比较，她的身高、体重数值均偏低，动作发展也比较差。

请分析该幼儿的饮食行为存在哪些问题，原因有哪些?

二、学习目标

（一）知识目标

（1）知道各年龄阶段幼儿饮食营养教育的目标。
（2）理解各年龄阶段幼儿饮食营养教育的核心内容。
（3）掌握幼儿饮食营养教育的核心知识。

（二）能力目标

（1）能根据各年龄阶段幼儿身心发展特点设计适宜的饮食营养教学活动。
（2）能正确判断幼儿的饮食行为健康与否。
（3）能运用合理的途径面向幼儿开展饮食营养教育。

（三）素养素质目标

（1）养成健康的饮食习惯。

（2）重视饮食营养教育对幼儿成长的重要性。

（3）重视饮食营养教育核心知识的积累。

三、学习重难点

（1）重点：掌握饮食营养教育的核心知识。

（2）难点：能根据各年龄阶段幼儿身心发展特点设计适宜的饮食营养教学活动。

四、相关知识链接

（一）饮食营养教育教学活动

幼儿饮食营养教育是指根据幼儿身心发展特点，通过有组织、有计划、系统化的教育活动，帮助幼儿掌握相关的饮食营养知识、树立健康饮食营养观念、自愿采纳有利于健康的饮食营养行为的教育过程。

（二）饮食营养教育内容

饮食营养教育内容包括四个方面：一是独立自主进餐；二是能辨识日常生活中常见的蔬菜，可以在家长和幼儿园的合理搭配下平衡膳食，少吃或不吃零食，口渴时主动喝白开水；三是能按时进餐，并保持安静和桌面清洁，养成良好的进餐习惯；四是初步感受中外饮食文化的差异。

（三）中国居民平衡膳食宝塔（2022）

中国居民平衡膳食宝塔（2022）是根据《中国居民膳食指南（2022）》的准则和核心推荐，把平衡膳食准则转化为各类食物的数量的图形化表示。中国居民平衡膳食宝塔这一形象化的组合，遵循了平衡膳食准则，体现了在营养上比较理想的基本食物构成。如图2-1所示，宝塔共分为五层，各层面积大小不同，体现了五大类食物和食物量的多少。五大类食物包括谷薯类、蔬菜水果类、鱼禽肉蛋等动物性食物、奶及奶制品、大豆及坚果类，以及烹调用盐油，并配以文字注释，标明了在每天1600～2400千卡能量需要量水平下的一段时间内，成人每人每天各类食物摄入量的建议值范围。

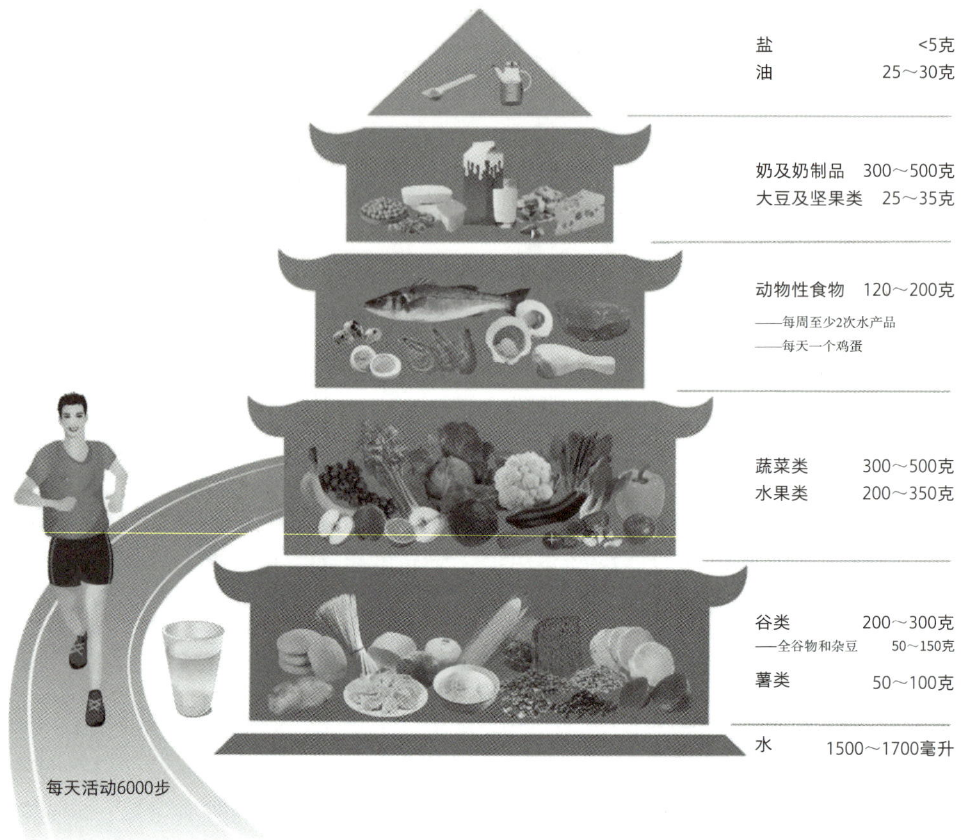

图2-1 中国居民平衡膳食宝塔（2022）

中国居民平衡膳食餐盘是按照平衡膳食准则，描述了一个人一餐中膳食的食物组成和大致比例，形象直观地展现了一餐膳食的合理组合与搭配（见图2-2）。中国居民平衡膳食餐盘适用于2岁以上的健康人群，是一餐中食物基本构成的描述。

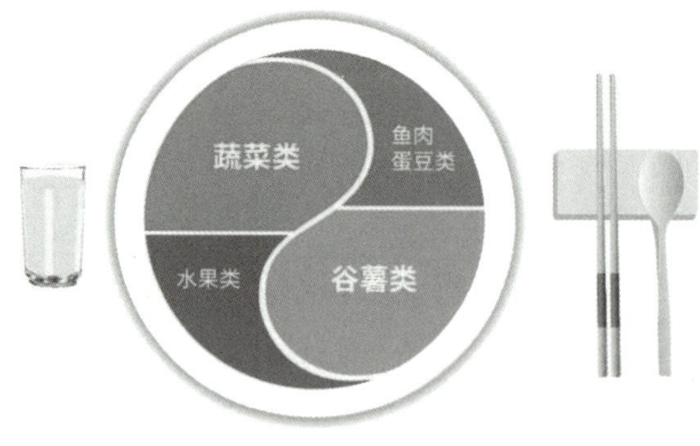

图2-2 中国居民平衡膳食餐盘（2022）

五、思想政治素养养成

请阅读以下案例，并谈谈你的看法。

超加工食品别多吃

软饮料、薯片和饼干等超加工食品摄入过多，会增加痴呆风险。

8月16日，天津医科大学公共卫生学院王耀刚教授团队发表在《神经病学》上的一项研究显示，超加工食品的日均摄入量每增加10%，罹患全因痴呆症、阿尔茨海默病、血管性痴呆的风险也会随之分别增加25%、14%、28%。

在这项随访10年的大型前瞻性研究中，研究人员调查了英国生物银行中超过7.2万名年龄在55岁以上的参与者的饮食习惯和健康数据。在调查初期，这些参与者都很健康，没有人患有痴呆症。

研究人员对这些参与者进行了长达10年的跟踪调查，在10年的随访期间，共有518名参与者发展为痴呆症，其中，287人发展为阿尔茨海默病，119人发展为血管性痴呆。

研究表明，摄入软饮料、薯片和饼干等超加工食品较多的人，可能比摄入这些食品较少的人更容易罹患痴呆症。

基于此，研究人员向大众发出了以下健康提示：为了减少饮食对心血管健康及认知能力的威胁，降低罹患各种疾病的风险，在日常生活中一定要减少超加工食品的食用量，多吃一些有益健康的食品，比如豆类、蔬菜、坚果、鱼类和肉类等。在日常饮食中，完全避免超加工饮食很难，但我们可以从减少食用一些非必要的零食开始。

（资料来源：根据《健康时报》整理）

六、任务实施

任务工作单 1

班级：__________　　姓名：__________　　学号：__________

引导问题：

扫描右侧二维码，自主学习微课“幼儿营养与健康”，将食物的分类记录下来（可以设计为思维导图）。

微课：幼儿营养与健康

任务工作单 2

班级：__________　　姓名：__________　　学号：__________

完成下列选择题。（每题2分，共20分）

题　目	得分
1. 爱吃富有营养的常见食物、愉快进餐是幼儿饮食营养教育（　　）年龄阶段的目标。 A. 小班　　B. 中班　　C. 大班　　D. 学前班	
2. 懂得少吃零食、多喝水的好处是幼儿饮食营养教育（　　）年龄阶段的目标。 A. 小班　　B. 中班　　C. 大班　　D. 学前班	
3. 熟练地用勺子吃饭，并学习用筷子吃饭是幼儿饮食营养教育（　　）年龄阶段的目标。 A. 小班　　B. 中班　　C. 大班　　D. 学前班	
4.（　　）是人体能量的主要来源，也是我国传统膳食的主体。 A. 奶类　　B. 谷物　　C. 蛋　　D. 肉类	
5.（　　）中所含的不饱和脂肪酸有利于儿童神经系统的发育。 A. 海产鱼　　B. 鸡、鸭、鱼　　C. 鸡蛋　　D. 青菜	
6. 下列选项中属于体验式营养活动的是（　　）。 A. 学习辨别可食用与不可食用的食物，对比食物生与熟状态下的形状、味道 B. 通过尝一尝、闻一闻，认识蔬菜水果 C. 玩“五类谷物营养伙伴”的游戏 D. 利用幼儿的餐点时段配合儿童“常吃的水果”“常吃的蔬菜”“蛋”等活动	
7. 在引导下，不偏食、挑食，喜欢吃瓜果、蔬菜等新鲜食品是幼儿饮食营养教育中（　　）儿童的目标。 A. 3～4岁　　B. 4～5岁　　C. 5～6岁　　D. 6～7岁	
8. 蛋白质是生命的物质基础，是人体唯一的（　　）的来源。 A. 氧　　B. 氮　　C. 硒　　D. 锌	
9. 缺少（　　），儿童会患佝偻病，孕妇会患骨软化症，老人会患骨质疏松症。 A. 维生素B　　B. 维生素C　　C. 维生素D　　D. 维生素E	
10. 以下哪项行为改变不是缺锌造成的？（　　） A. 生长迟缓　　B. 牙龈出血　　C. 活动减少　　D. 注意力下降	
合计	

任务工作单 3

班级：__________　　姓名：__________　　学号：__________

请结合任务描述中乐乐的案例，思考并完成下列各题。

（1）分析该幼儿饮食行为中存在的问题。

（2）分析导致该幼儿养成此饮食行为的原因。

（3）为该幼儿的健康成长提供意见与建议。

七、评价反馈

班级		姓名		学号		日期	
评价指标	评价内容					分值	得分
信息检索能力	是否能有效利用网络、图书等资源查找相关信息，是否能将查到的信息有效地运用到学习中					5分	
学习态度	是否积极主动与教师、同学交流，相互尊重、理解，与教师、同学之间是否能保持多向、丰富、适宜的信息交流					5分	
学习方法	是否能运用信息平台学习，完成线上学习任务					15分	
学习成效	是否知道各年龄阶段幼儿饮食营养教育的目标					10分	
	能否运用合理的途径开展饮食营养教学活动					10分	
	是否能判断幼儿的饮食行为健康与否					20分	
健康观	是否认识到饮食营养教育对幼儿成长的重要性					10分	
课后作业	是否能按时完成课后作业，保质保量填写任务工作单					20分	
自评反馈	是否按时按质完成任务；是否较好地掌握了知识点；是否具有较强的信息分析能力和理解能力；是否具有较为全面、严谨的思维能力，并能条理清楚地表达成文					5分	
评价成绩							
评价人：				评价时间：			

任务2　健康饮食习惯的培养

一、任务描述

小明已经上幼儿园中班了，在教师眼里他是一个不折不扣的乖宝宝。可最近小明的妈妈却经常向小明的老师“吐苦水”。原来是小明每天在家吃饭时总是边吃边玩，一碗饭常常要吃一个多小时。由于天气越来越冷，吃到最后饭菜都变得冷冰冰的了。家里的老人担心吃冷菜冷饭对孩子身体不好，只好追着小明喂饭，可孩子见状变本加厉，直接闭嘴不吃。家长们对此都感到束手无策。现在每到饭点时间，小明的妈妈都对孩子边吃边玩的行为十分苦恼。

现在请你来帮帮忙，你会怎么帮助小明家长解决孩子饮食行为的问题呢？

二、学习目标

（一）知识目标

（1）理解各年龄阶段幼儿健康饮食行为的核心内容。

（2）掌握幼儿健康饮食行为的核心知识。

（二）能力目标

（1）能根据各年龄阶段幼儿身心发展特点设计适宜的健康饮食行为教学活动。

（2）能正确判断出幼儿的饮食行为健康与否。

（3）学会创设利于培养幼儿健康饮食行为的班级环境。

（三）素养素质目标

（1）注重自身健康饮食行为的养成，并能坚持健康的饮食行为。

（2）帮助幼儿养成日常生活中的健康饮食行为。

三、学习重难点

（1）重点：帮助幼儿养成日常生活中的健康饮食行为。

（2）难点：幼儿健康饮食行为的培养。

四、相关知识链接

（一）幼儿应了解的饮食知识及应具备的健康饮食行为

（1）懂得饮食与营养关系到身体的健康，知道人体需要各种各样的营养和食物。明白日常饮食是为了获取营养，形成关注自身健康的意识。

（2）初步了解蛋类、豆类、蔬菜、水果、肉类的主要营养成分，能主动摄入各种食物。

（3）有良好的饮食习惯，定时定量，不暴饮暴食。用餐时细嚼慢咽，不吃汤泡饭，少吃垃圾食品和辛辣食品。

（4）喜欢吃各类食物，不挑食、不偏食。

（5）能主动进食、独立进食。

（6）注意饮食卫生，进食前洗手，进食后漱口。

（7）不捡掉在地上的东西吃，使用自己的水杯、餐具等。

（8）能正确使用筷子或小勺，饭菜搭配着吃。

（9）能主动喝水，少喝含糖饮料。渴了主动喝水，喝水前先尝尝水的冷热和味道。

（二）中餐就餐礼仪我知道

中国自古就是礼仪之邦，就餐礼仪随着文明的发展源远流长。根据中华饮食文化上下五千年的演变，中餐就餐礼仪包含如下几个方面。

1. 餐桌礼仪

中餐宴请一般使用圆桌，并且桌面上覆红色桌布，酒水预先摆好。如果是两桌的小型宴请，两桌横排和竖排均可，横排时，正对正门时左手侧的桌子为尊位；竖排时，离正门远的位置为上位。即遵循“面门定位、左手为尊、以远为上”的布置原则。

2. 位次礼仪

宴请方面对正门而坐，叫“主陪”，和“主陪”对桌而坐的是“副主陪”。“主陪”左手侧为“主宾”，右手侧为“副主宾”。总体遵循的原则为“座位离主人桌越近，位次越尊贵”。

3. 餐食礼仪

上菜顺序一般是首先上冷盘其次上热菜，最后上甜食和水果。餐桌上需等年龄最长者入席坐定后，其余人方可入席。用餐时要等长辈先动筷，汤食上桌后，将其少量舀入碗中，先用嘴唇或勺子轻轻触碰测试温度，不要嘘声吹冷汤汁，喝汤时不要发出声音，也不要用餐具故意碰撞发出声音；要正确使用筷子；用餐速度需要与主人保持同步，不宜快也不宜慢；剔牙时，应用手或手帕遮掩；离席时，需要等主人离座后方可离开。

4. 餐具的讲究

中餐的餐具主要有杯、盘、碗、碟、筷、匙六种。其中，筷子的用法较为讲究，例如，筷子通常应摆放在碗的旁边，不能放在碗上，更不能插在饭碗里，不能举着筷子和别人说话，说话时要把筷子放在筷架上，不能用筷子敲击碗碟或插其他食物。现在为了人们的健康，避免疾病的传染，要使用公筷夹菜。用筷子的忌讳有“忌舔筷——不要用舌头去舔筷子上的附着物”“忌迷筷——举着筷子却不知道夹什么，在菜碟间来回游移”“忌泪筷——夹菜时滴滴答答流着菜汁”“忌移筷——刚夹了这个盘子里的菜又去夹那个盘子里的菜”“忌敲筷——敲筷子是对主人的不尊重”。

5. 健康饮食儿歌

进餐

进餐前，洗净手。打喷嚏，遮住口。
轻轻嚼，慢慢咽。不挑食，不剩饭。

吃饭

吃饭时，坐端正，右手拿调羹，左手扶着碗。
细细嚼，慢慢咽，不剩饭，不挑菜，自己吃饭真能干。

进餐礼仪

吃饭前，洗净手。爸妈忙，应等候。
不挑食，不霸食。闭嘴嚼，慢慢吃。
爱粮食，不浪费。有好菜，敬长辈。
吃饭后，擦净嘴。漱清口，椅放回。

进餐——爱惜粮食

自己吃，不用喂，吃干净，不浪费。
爱粮食，惜食物，粒粒米，皆辛苦。

进餐——不挑食

小朋友，在成长。若挑食，缺营养。
瓜果菜，都品尝。食五谷，身体棒。

五、思想政治素养养成

请阅读以下案例，并谈谈你的看法。

豪饮冰饮会增加心脏负担

福建一名19岁男孩运动后，猛喝冰镇饮料，随后突然感觉胸闷、胸痛，最终送医抢救无效死亡，经查为突发急性心肌梗死。

对此，上海市疾控中心健康危害因素监测与控制所食品安全科副主任医师陆冬磊解释道，天气炎热的时候，人在运动后会口渴想要大量喝水。饮料里有糖等能量物质，可以补充身体消耗的能量，因此喝饮料会让人觉得更解渴。冰镇饮料不仅能让人产生体温降低、缓解炎热的感觉，而且有些饮料冰镇后口感更好。但短时间内大量饮用冰镇饮料会对身体造成很大的刺激。该男孩在运动后，全身血管扩张、血流加速，冰镇饮料的刺激导致其血管突然收缩，增加心脏负担，引起不适。很多人在大量饮用冰镇饮料时会觉得心跳加速，也是这个原因。此外，豪饮冰镇饮料还会导致腹泻、腹痛、头痛等症状，均与其强烈的刺激性有关。

要正确饮用冰镇饮料，以下提供几点建议。

第一，分次适量饮用。不要一次性喝太多，适量饮。如还想喝，要间隔2～3个小时后再喝。

第二，不喝结冰饮料。一些冰镇饮料有结冰，所形成的固液混合物喝下去停留在胃部时，会加强对胃的刺激，造成胃痉挛。建议喝5～8℃的冰饮料，慎喝结冰饮料。

第三，小口慢饮。冰镇饮料喝的时候最好一小口、一小口地喝，这样既能让人感受到清凉，也能让身体逐渐适应冰镇饮料，将刺激性降低到最小限度。

第四，不空腹喝冰镇饮料。空腹饮用冰镇饮料，会加重对胃肠道的刺激，建议先吃点东西垫垫肚子，再适量喝点冰镇饮料。

（资料来源：根据《健康时报》整理）

六、任务实施

任务工作单 1

班级：__________ 姓名：__________ 学号：__________

引导问题：

（1）结合教育见习经历，观察并总结幼儿在一日生活进餐环节中通常有哪些不良饮食行为。

（2）查阅相关文献，分析幼儿饮食行为与幼儿气质特点、性格养成及家长观念等影响因素之间的关系。

任务工作单 2

班级：__________ 姓名：__________ 学号：__________

请阅读以下案例材料，完成案例分析。［案例选题来自2021年全国职业院校技能大赛（高职组）“学前教育专业教育技能”赛项赛卷第09卷］

案例材料

可以用勺子吃饭吗?

进入幼儿园中班下学期，幼儿就开始学习用筷子吃饭了。今天，在餐前准备时，刘老师再次向幼儿说明了用筷子吃饭的注意事项，请幼儿拿起筷子吃饭。许多幼儿用筷子吃了起来，只见一名叫周子惠的幼儿把筷子一把抓在手里，用力往嘴里扒饭，动作很别扭，不协调。显然她还不会使用筷子吃饭，但是看见别的幼儿都用筷子，也想学着使用筷子，结果搞得一团糟。于是，刘老师给该幼儿配上了一把勺子。可是，同班的张老师却不同意，因为《3～6岁幼儿学习与发展指南》中的动作发展部分，提出了4～5岁幼儿“能用筷子吃饭”的教育目标。如果提供了勺子，幼儿不就更不会用筷子了嘛，应当训练该幼儿使用筷子吃饭才对。

问题：

对刘老师和张老师两位教师的教育方法进行分析并说明原因。

任务工作单 3

班级：__________　　　　姓名：__________　　　　学号：__________

结合任务描述中小明的案例，请以“用餐好习惯”为题，设计一个幼儿饮食营养的教育活动，并完成课件制作，帮助幼儿解决饮食行为问题，养成良好的饮食习惯。

七、评价反馈

班级		姓名		学号		日期	
评价指标	评价内容					分值	得分
信息检索能力	是否能有效利用网络、图书等资源查找相关信息，是否能将查到的信息有效地运用到学习中					5分	
学习态度	是否积极主动与教师、同学交流，相互尊重、理解，与教师、同学之间是否能保持多向、丰富、适宜的信息交流					5分	
学习方法	是否能运用信息平台学习，完成线上学习任务					15分	
学习成效	是否理解各年龄阶段幼儿健康饮食行为的核心内容					10分	
	是否能设计适宜的幼儿健康饮食行为教育活动					20分	
	是否学会创设利于培养幼儿健康饮食行为的班级环境					10分	
健康观	是否注重自身健康饮食行为的养成					10分	
课后作业	是否能按时完成课后作业，保质保量填写任务工作单					20分	
自评反馈	是否按时按质完成任务；是否较好地掌握了知识点；是否具有较强的信息分析能力和理解能力；是否具有较为全面、严谨的思维能力，并能条理清楚地表达成文					5分	
评价成绩							
评价人：				评价时间：			

项目二　生活习惯培养

任务1　健康生活习惯的认知

一、任务描述

健康行为受益一生

1978年，75位诺贝尔奖获得者在巴黎聚会，有一位记者问物理学奖获得者彼得·卡皮查：“在你的一生里，你认为最重要的东西是在哪所大学、哪所实验室里学到的？”

出人意料地，这位白发苍苍的物理学家回答道：“是在幼儿园。”

记者又问：“在幼儿园你学到了什么呢？”

卡皮查回答道：“把自己的东西分一半给小伙伴；不是自己的东西不要拿；东西要放整齐，饭前要洗手，午饭后要休息；做了错事要表示歉意；学习要多思考，要仔细观察大自然。从根本上来说，我学到的全部东西就是这些。”

中国近现代教育家陈鹤琴先生曾说：“人类的动作十之八九是习惯，而这种习惯又大部分是在幼年养成的。所以，幼年时代应当特别注意习惯的养成。但是习惯不是一律的，有好有坏，习惯养得好，终身受其福；习惯养不好，终身受其累。”由此可见幼儿习惯教育的重要性。

回忆你的童年时期，哪位教师帮助你养成了受益终身的生活习惯？

二、学习目标

（一）知识目标

（1）掌握幼儿生活习惯教育的目标。

（2）掌握幼儿生活习惯教育的内容。

（二）能力目标

（1）学会区分各年龄阶段幼儿生活习惯教育的目标。

（2）能判断不同年龄阶段幼儿生活习惯教育的内容。

（三）素养素质目标

（1）注重养成健康的生活方式。

（2）重视生活习惯教育对幼儿成长的重要性。

三、重难点

（1）重点：幼儿生活习惯教育的目标、内容。

（2）难点：各年龄阶段幼儿生活习惯教育的目标、内容。

四、相关知识链接

（一）幼儿良好生活习惯的概念

资源链接：《幼儿园教育指导纲要（试行）》中的相关内容

幼儿生活习惯是指幼儿在日常生活中，在作息、饮食、盥洗、睡眠、排泄、自理等方面养成的相对稳定且不易改变的行为方式。《中国学前教育百科全书·教育理论卷》中指出，培养良好的生活习惯是指建立合理的作息制度，根据孩子的年龄特征、个人实际情况，妥善安排学习、游戏、锻炼、饮食、睡眠时间，使之生活规律化，促进身心健康发展。[①]换而言之，幼儿良好的生活习惯是指幼儿在科学引导的基础上，经过多次练习形成的、符合幼儿身心发育特点的良好的生活常规及初步的生活自理方式，包括良好的饮食习惯、睡眠习惯、如厕习惯、收拾整理习惯等，具体表现为进餐安静、不挑食、遵守作息时间、主动收拾整理玩具、主动如厕、自己穿脱衣服、会整理床铺、主动饮水等。[②]

（二）幼儿养成良好生活习惯的意义

幼儿期是身心发展，尤其是大脑结构和机能发育最旺盛的时期，更是良好生活习惯形成的关键期。[③]幼儿良好的生活行为与习惯对其后续的发展有着至关重要的影响，不仅涉及儿童智力和认知能力的发展，而且影响到儿童的社会性发展和良好人际交往关系的形成。[④]培养幼儿良好生活习惯不仅有利于保障幼儿的身心健康，还可以帮助幼儿在进入小学阶段后更好地适应小学的学习模式与学习节奏，保证幼小顺利衔接[⑤]，也有助于幼儿逐步形成自觉遵守科学而有规律的生活秩序的意识，形成科学的健康观念，让幼儿受益终身。[⑥]

---

① 卢乐山.中国学前教育百科全书：教育理论卷[M].沈阳：沈阳出版社，1995.

② 甘晓彬.家园协作促进幼儿良好生活习惯的养成[J].教育与教学研究，2015（11）：124-128.

③ 杜长娥，张红丽.“幼儿良好生活习惯养成研究”综述[J].山东教育，2013（Z3）：36-39.

④ 刘艳.家园合作纠正幼儿不良行为习惯的途径[J].学前教育研究，2010（6）：55-57.

⑤ 韩玫.做好幼小衔接，聚焦习惯养成：幼儿园幼小衔接策略[J].读与写，2021，18（33）：264-265.

⑥ 孙树珍，麦少美.学前儿童健康教育活动指导[M].4版.上海：复旦大学出版社，2021.

五、思想政治素养养成

“动人以言者，其感不深；动人以行者，其应必速。”教师的言传身教是传授知识和以文化人的重要方法与途径。阅读以下资料，对照本人情况，对自己目前的生活方式及习惯进行评价。

资料一：

资源链接：健康生活方式标准

健康生活方式与行为

1992年，WHO（世界卫生组织）发布的《维多利亚宣言》提出了人类健康的四大基石：合理膳食、适量运动、戒烟限酒和心理平衡。《中国公民健康素养——基本知识与技能（2015年版）》中对健康生活方式与行为进行了较为细致的界定。

（1）健康生活方式主要包括合理膳食、适量运动、戒烟限酒、心理平衡四个方面。

（2）保持正常体重，避免超重与肥胖。

（3）膳食应当以谷类为主，多吃蔬菜、水果和薯类，注意荤素、粗细搭配。

（4）提倡每天食用奶类、豆类及其制品。

（5）膳食要清淡，要少油、少盐、少糖，食用合格碘盐。

（6）讲究饮水卫生，每天适量饮水。

（7）生、熟食品要分开存放和加工，生吃蔬菜水果要洗净，不吃变质、超过保质期的食品。

（8）成年人每日应当进行6～10千步当量的身体活动，动则有益，贵在坚持。

（9）吸烟和二手烟暴露会导致癌症、心血管疾病、呼吸系统疾病等多种疾病。

（10）“低焦油卷烟”“中草药卷烟”不能降低吸烟带来的危害。任何年龄戒烟均可获益，戒烟越早越好，戒烟门诊可提供专业戒烟服务。

（11）少饮酒，不酗酒。

（12）遵医嘱使用镇静催眠药和镇痛药等成瘾性药物，预防药物依赖。

（13）拒绝毒品。

（14）劳逸结合，每天保证7～8小时睡眠。

（15）重视和维护心理健康，遇到心理问题时应当主动寻求帮助。

（16）勤洗手、常洗澡、早晚刷牙、饭后漱口，不共用毛巾和洗漱用品。

（17）根据天气变化和空气质量，适时开窗通风，保持室内空气流通。

（18）不在公共场所吸烟、吐痰，咳嗽、打喷嚏时遮掩口鼻。

（19）农村使用卫生厕所，管理好人畜粪便。

（20）科学就医，及时就诊，遵医嘱治疗，理性对待诊疗结果。

（21）合理用药，能口服不肌注，能肌注不输液，在医生指导下使用抗生素。

（22）戴头盔、系安全带，不超速、不酒驾、不疲劳驾驶，减少道路交通伤害。

（23）加强看护和教育，避免儿童接近危险水域，预防溺水。

（24）冬季取暖注意通风，谨防煤气中毒。

（25）主动接受婚前和孕前保健，孕期应当至少接受5次产前检查并住院分娩。

（26）孩子出生后应当尽早开始母乳喂养，满6个月时合理添加辅食。

（27）通过亲子交流、玩耍促进儿童早期发展，发现心理行为发育问题要尽早干预。

（28）青少年处于身心发展的关键时期，要培养健康的行为生活方式，预防近视、超重与肥胖，避免网络成瘾和过早性行为。

资料二：

2022年全民健康生活方式宣传

2022年9月1日是我国第16个“全民健康生活方式日”，9月是“全民健康生活方式宣传月”。该年的宣传主题是“三减三健”健康相伴，旨在倡导“每个人做自己健康的第一责任人”理念，提高全民健康意识，引领公众践行健康文明的生活方式。结合当前社会形势，倡导在常态化疫情防控下勤洗手、戴口罩、多通风、保持社交距离、使用公勺公筷等卫生习惯和生活方式。

“三减三健”是什么？

（1）减盐：每日盐不过5克。

（2）减糖：食品饮料要少糖。高糖饮食危害大，自觉降低每日糖摄入量，遏制糖尿病及其相关疾病患病率不断上升的趋势。

（3）减油：控制烹调油用量。降低人均油脂摄入量，最大限度地控制脂肪肝、动脉粥样硬化、冠心病、脑卒中、肾动脉硬化等疾病的危害，做到低脂膳食，提高全民健康水平。

（4）健康口腔：早晚两次、正确刷牙。2022年9月20日是第34个“全国爱牙日”，该年的宣传主题是“口腔健康　全身健康”，副主题是“护牙健齿少年强　健康中国民族兴”，引导孩子正确刷牙，每年开展一次口腔健康检查。

（5）健康体重：测体重、算指数、量腰围。健康体重是指维持机体各项生理功能正常进行，充分发挥身体功能的体重，其体重构成的各组分比例恰当，体重过低或过高，或体重构成的组分比例失衡（如体脂过高、去脂体重过低）都是不健康的表现。

（6）健康骨骼：强健骨骼、爱护关节。适量运动，多吃富含钙质的食物，定期到医院进行专项检查。

健康是人最宝贵的财富，一旦失去健康，就失去一切。健康是人的基本权利，是幸福快乐的基础，是国家文明的标志，是社会和谐的象征。健康生活方式是指有益于健康的习惯化行为方式，健康的生活方式不仅可以帮助抵御传染性疾病，更是预防和控制心脑血管病、恶性肿瘤、呼吸系统疾病、糖尿病等慢性非传染性疾病的基础。广泛开展健康生活方式宣传与教育，不仅利于幼儿健康成长，更是一个关系到民族健康的伟大工程。

六、任务实施

任务工作单 1

班级：__________ 姓名：__________ 学号：__________

回顾实习经历，举例说明你看到的幼儿园教师用于培养幼儿良好生活习惯的教育策略和方法。

任务工作单 2

班级：__________　　　　姓名：__________　　　　学号：__________

扫描右侧二维码，查看《3～6岁儿童学习与发展指南》（健康部分）的内容，用思维导图的形式梳理各年龄阶段幼儿生活习惯教育的内容。

资源链接：
《3～6岁儿童学习与发展指南》
（健康部分）

任务工作单 3

班级：__________ 姓名：__________ 学号：__________

陈鹤琴和张宗麟在《我们的主张》一文中提出，“我们主张幼稚园要使儿童养成良好的习惯”，请你谈谈学前儿童养成健康生活习惯的重要性。

七、评价反馈

班级		姓名		学号		日期	
评价指标	评价内容					分值	得分
信息检索能力	是否能有效利用网络、图书等资源查找相关信息，是否能将查到的信息有效地运用到学习中					5分	
学习态度	是否积极主动与教师、同学交流，相互尊重、理解，与教师、同学之间是否能保持多向、丰富、适宜的信息交流					5分	
学习方法	是否能运用信息平台学习，完成线上学习任务					15分	
学习成效	是否掌握幼儿生活习惯教育的内容					10分	
	是否能判断各年龄阶段幼儿生活习惯教育的内容					20分	
	是否知道正确的培养幼儿生活习惯的方式					10分	
健康观	是否理解重视生活习惯教育对幼儿成长的重要性					10分	
课后作业	是否能按时完成课后作业，保质保量填写任务工作单					20分	
自评反馈	是否按时按质完成任务；是否较好地掌握了知识点；是否具有较强的信息分析能力和理解能力；是否具有较为全面、严谨的思维能力，并能条理清楚地表达成文					5分	
评价成绩							
评价人：				评价时间：			

任务2　健康生活习惯的培养

一、任务描述

一项研究结果显示，有37.5%的幼儿在家需要成人陪伴反复提醒才能入睡，有近60.0%的幼儿在家不能自己使用勺子或筷子需要成人喂食，有59.8%的幼儿在家庭中存在挑食、偏食的不良饮食行为。[①]

某幼儿园设计了一份关于幼儿生活习惯的问卷，对小班65名幼儿的家长进行了问卷调查，结果发现：在65名小班幼儿中，不能安静进餐的幼儿占64.6%；不能遵守作息时间和挑食的幼儿各占69.2%；不能主动如厕的幼儿占76.9%；不能自己脱衣服的幼儿占80.0%；不能主动饮水的幼儿占93.8%；不能主动收拾整理玩具的幼儿占93.8%；不会整理床铺的幼儿占100%。[②]

在与家长的访谈中，A家长说："生活习惯靠平时养成吧，没有很刻意地去培养孩子的生活习惯，还是学习习惯比较重要，孩子升学看的都是学习成绩，比较希望孩子养成良好的学习习惯。"B家长说："工作都忙死了，周末还要带孩子去上跳舞课，孩子一些行为该怎么做，幼儿园老师应该会教吧。"[③]

可以看出，部分幼儿家长对培养幼儿生活习惯不太重视。[④]许多家长不愿孩子输在所谓的"起跑线"上，仍然将教育孩子的重心放在其技能的培训及"成绩"上，而忽略了对幼儿良好生活习惯的养成。[⑤]家庭对孩子关爱过度甚至溺爱，这也使得一些幼儿在家庭中缺乏养成良好生活习惯的条件和环境。[⑥]

阅读以上资料，请你谈谈生活习惯与学习成绩的关系。

二、学习目标

（一）知识目标

（1）知道幼儿生活习惯教育的特点。

（2）掌握幼儿生活习惯教育的原则、方法。

（二）能力目标

（1）学会设计幼儿生活习惯教育活动。

① 李依濛.幼儿生活与卫生行为调查研究[D].长春：东北师范大学，2013.

② 甘晓彬.家园协作促进幼儿良好生活习惯的养成[J].教育与教学研究，2015（11）：124-128.

③ 冯宝梅.幼儿生活习惯养成问题、成因及家庭教育策略研究[D].福州：福建师范大学，2015.

④ 同②.

⑤ 同③.

⑥ 同②.

（2）能组织、实施幼儿生活习惯教育活动。

（3）能评价幼儿生活习惯教育活动的实施。

（三）素养素质目标

重视环境创设及家园协作在幼儿生活习惯教育中的作用。

三、重难点

（1）重点：幼儿生活习惯教育活动的设计。

（2）难点：幼儿生活习惯教育活动的组织、实施。

四、相关知识链接

（一）幼儿生活习惯养成基本理论

1. 劳伦兹的关键期理论

奥地利生态学家康拉德·劳伦兹在研究鸟类自然习性的过程中发现，刚孵出的幼鸟会在出生后很短的一段时间内追随、学习所见的同类或非同类，而过了这个时间段，便难以学会此类行为，他把这段时间称为“关键期”（critical period）。后来，心理学家将类似研究引用到儿童早期发展的研究中，提出了儿童心理发展的关键期问题。研究表明，儿童各种机能的发展有一个“最佳时期”。在“最佳时期”为儿童提供相应的发展条件，能有效促进儿童心理机能的有效发展。

2. 班杜拉的社会学习理论

社会学习理论的创始人阿尔伯特·班杜拉强调观察模仿学习的重要性。他认为，儿童是通过观察学习而习得新行为的，幼儿生活习惯的行为表现，在很大程度上源于幼儿对成人的观察及模仿。班杜拉的社会学习理论包括三个方面：相互作用论、观察学习理论和强化理论。根据班杜拉的社会学习理论，儿童能从家庭成员（祖辈老人、父母、兄弟姐妹等）的日常行为习惯中，从幼儿园教师及同伴群体的日常生活习惯行为模仿中观察习得各种新行为。电影、电视、图画书等形象生动的符号象征也能为儿童提供丰富的示范刺激，在一定程度上影响幼儿的生活习惯。

3. 杜威“教育即生活”理论

美国教育家约翰·杜威在其代表作《民主主义与教育》中描述“教育是生活的需要”并对生活进行了解读，指出生活表示的是个体和种族的全部经验，包括习惯、制度、信仰、休闲和工作等。杜威生活教育的重要命题“教育即生活”有两层含义：一是教育要为现在的生活做准备，只有过好现在的生活，才能着眼于将来的生活；二是关注教育要与现实生活相结合，关注生活的教育意义。

4. 社会互动理论

社会互动（social interaction）是在一定社会规范的约束下，个人与个人、群体与群体、个人与群体之间通过信息传递而进行相互作用的社会交往活动。不同的社会学家对社会互动理论进行了广泛而深入的研究，形成了不同的理论流派，其中，社会交换理论（socialexchange theory）就是一种具有代表性的社会互动理论。美国社会学家霍曼斯等构建的社会交换论认为，人与人互动的实质是交换奖赏和惩罚，这主要通过以下几个命题来表现：①价值命题，人们更倾向于对其有价值的行为；②成功命题，人们更倾向于受到奖赏的行为；③人们更倾向于收到类似获得奖赏的刺激的行动。

5. 斯金纳即时强化理论

斯金纳的操作条件反射实验中的强化，指的是能增强反应频率，他认为，对强化的控制就是对行为的控制，强化作用是塑造行为的基础，斯金纳在对学习问题进行了大量研究的基础上提出了强化理论，作为学习理论中最重要的部分和基础。斯金纳把强化分成正强化和负强化两种。正强化通过呈现想要的愉快刺激增强反应频率，如对孩子进行表扬、奖励、微笑肯定等；负强化是去掉可厌的刺激物，是由于刺激的退出而加强了那个行为，通过消除或中止厌恶、不愉快的刺激增强反应频率，如孩子为了可以不做家务而快点完成作业，为了不被家长批评而专注吃饭等。斯金纳认为，儿童就是想得到成人的注意，成人一旦注意到儿童的某一行为，例如，对他们的行为加以表扬或批评，都是对这一行为的强化。因此，成人对于儿童的不良行为，如愤怒、无理取闹，可以不予理睬，采取“冷处理”，排除对他的注意，儿童的这种不良行为会因为得不到强化而消退。

（二）幼儿生活习惯教育的注意事项

1. 教育活动

对于生活自理教育中某些幼儿不太容易理解的健康常识、不太容易掌握或需要系统训练的健康行为技能等，教师可以通过有目的、有计划、精心地设计教学，引导并启发幼儿探索、理解和掌握。幼儿园要长期、系统、科学地设置和开展生活习惯教育活动，同时，将其有机地渗透在幼儿园各领域的教育活动之中。例如，为培养中班幼儿初步的自理能力，引导幼儿学习自己的事情自己做，可开展“我会穿衣服”“我会整理书包”“我是小小值日生”等系列活动，培养幼儿不仅会穿脱衣服、系鞋带、整理自己的物品，还会做一些力所能及的为他人服务的劳动。

2. 游戏

某研究通过《幼儿行为习惯养成调查问卷》发现，当前在对幼儿行为习惯培养的方式上，说教式占60%，故事式占32%，游戏式占8%。在对幼儿日常行为习惯的培养中，成人往往从自己的立场出发考虑问题，用自己的思考代替儿童的思考，剥夺儿童的主体地位，使习惯养成的过程变成了被动接受的过程，儿童其习惯养成多是他律性作用的结果。①

陶行知在《新教育》一文中指出“唤兴味起”，幼儿有了兴趣，就肯用全副精神去做事情，因此“学”与“乐”是不可分离的。游戏是幼儿成长的基本方式，喜欢游戏是

① 樊人利.游戏精神引领下幼儿行为习惯的养成[J].学前教育研究，2014（9）：67-69.

幼儿的天性，他们喜欢在有趣的活动中接受教育。在他们感兴趣的游戏活动中，幼儿能按照一定的要求，约束自己不良的行为，控制自己不扰乱规定的生活习惯，同时很好地学习自理方法，逐步养成良好的生活习惯。[①]

培养幼儿的行为习惯不应该是成人对儿童的粗暴干预或强加，教师要摒弃说教式、炼狱式、苦练式的培养方式，代以游戏精神引领下的幼儿行为习惯培养模式。这就要求教育者必须从认识儿童开始，关注幼儿的发展需求和教育的终极追求，在尊重儿童的基础上寻找儿童教育最优策略，为幼儿创造自主体验的平台，让儿童享受愉悦的过程，创造性地诞生和深化规则，用游戏精神努力改造幼儿园的教育教学，培养幼儿的良好行为习惯，由此促进幼儿更快乐、更健康地发展。[②]

3. 日常活动

幼儿的生活习惯主要是在日常生活中逐渐养成的，并通过日常生活表现出来。因此，日常生活的各环节都可以用来对幼儿进行生活习惯教育。幼儿入园后，进餐、如厕、睡眠等生活方面的问题，教师都可以在各环节中适时地进行行为指导，而不必等到专门的生活习惯教育活动时才进行。将生活习惯教育融入日常生活中，既轻松自然，又易见成效。例如，为帮助幼儿形成主动喝水的好习惯，幼儿园在每个班级的保温水桶旁边开辟“今天你喝了多少杯”的专栏，要求幼儿每喝一次水就插一块牌。一方面教师可以借此了解每位幼儿的喝水情况；另一方面可以提醒幼儿及时、主动地喝水，从而达到健康饮水的指标。

4. 环境

《幼儿园教育指导纲要（试行）》中指出，“环境是重要的教育资源，应通过环境的创设和利用，有效地促进幼儿的发展”。根据皮亚杰的认知发展理论，儿童是在环境的互动中主动发展的。《幼儿园教育指导纲要（试行）》指出，“幼儿园应为幼儿提供健康、丰富的生活和活动环境，满足他们多方面发展的需要，使他们在快乐的童年生活中获得有益于身心发展的经验”。因此，幼儿园教师要创设人本化、情景化的环境，让幼儿从最基本的生活细节出发去体验生活，用环境诱导幼儿，从而使幼儿的自理能力在具体的生活与环境中孕育而生，并且逐渐增强与提高。例如，在卫生间墙面用男孩、女孩的图画标识出男孩、女孩的如厕区域；在洗手池旁边张贴洗手步骤图，提示幼儿正确的洗手方法。

5. 家园合作

《幼儿园教育指导纲要（试行）》中提出，“家庭是幼儿园重要的合作伙伴，应本着尊重、平等、合作的原则，争取家长的理解、支持和主动参与，并积极支持、帮助家长提高教育能力”。

幼儿良好生活习惯的养成不可能一蹴而就。幼儿养成良好习惯由形成良好习惯的意识、改善习惯的态度及最终养成习惯行为三个方面构成。[③]这不仅需要幼儿教师的培养，

① 胡晓伶，徐浩，殷玉霞.学前儿童健康教育与活动指导[M].长沙：湖南师范大学出版社，2020.
② 樊人利.游戏精神引领下幼儿行为习惯的养成[J].学前教育研究，2014（9）：67-69.
③ 冯宝梅.幼儿生活习惯养成问题、成因及家庭教育策略研究[D].福州：福建师范大学，2015.

更需要家长的配合才能使好的行为成果得到巩固。家园教育中的一致性、连续性是培养幼儿良好行为习惯的重要组成部分。家园共育要求，家园共同参与对幼儿的教育，以更好地促进幼儿健康和谐发展。幼儿园和家庭都应当把自己当作促进幼儿良好生活习惯形成的主体，双方积极主动地相互了解、相互配合、相互支持，通过幼儿园与家庭的双向互动，共同促进幼儿良好生活习惯的形成。①

五、思想政治素养养成

阅读以下材料，请思考：在实习实践中，如何与家长协同培养幼儿良好生活习惯？

家庭教育是学校教育和社会教育的基础。家庭是人生的第一所学校，家长是孩子的第一任老师，家庭生活中父母对儿童的教育和影响，对其良好行为习惯、思想品德、价值观的形成，以及健全人格培养等都具有基础性作用。2019年5月14日，全国妇联、教育部等部门颁布了《全国家庭教育指导大纲（修订）》（以下简称《大纲》），旨在科学规范家庭教育指导服务行为，提升家庭教育指导服务水平，促进家庭教育事业全面发展。《大纲》中指出，家庭教育指导是指相关机构和人员为提高家长教育子女能力而提供的专业性支持服务与引导。家庭教育指导工作应坚持以下基本原则。

（1）思想性原则。遵循党的教育方针，以促进儿童全面健康成长为目标，以立德树人为根本任务，通过实施科学的家庭教育指导，推进家庭教育在培养德智体美劳全面发展的社会主义建设者和接班人中发挥重要基础作用。

（2）科学性原则。遵循家庭教育规律，为家长提供科学化、专业化、规范化的指导服务，家庭教育指导机构和指导者应具备相应的专业资质与能力。

（3）儿童为本原则。尊重儿童身心发展规律和个体差异，创设适合儿童成长的必要条件，保护儿童各项权利，促进儿童自然、全面、充分、个性发展。

（4）家长主体原则。确立为家长服务、提供支持的观念，尊重家长意愿，坚持需求导向，调动家长参与的积极性；引导家长注重提升自身素质，注重家庭建设和良好家风传承，促进亲子互动共同提高。

2022年1月1日起，《中华人民共和国家庭教育促进法》正式实施，该法第三十九条明确规定，中小学校、幼儿园应当将家庭教育指导服务纳入工作计划，作为教师业务培训的内容。幼儿园可以采取建立家长学校等方式，针对不同年龄阶段幼儿的特点，定期组织公益性家庭教育指导服务和实践活动，并及时联系、督促幼儿的父母或其他监护人参加。幼儿园应当根据家长的需求，邀请有关人员传授家庭教育理念、知识和方法，组织开展家庭教育指导服务和实践活动，促进家庭与学校共同教育。具备条件的幼儿园应当在教育行政部门的指导下，为家庭教育指导服务站点开展公益性家庭教育指导服务活动提供支持。

① 甘晓彬.家园协作促进幼儿良好生活习惯的养成［J］.教育与教学研究，2015（11）：124-128.

六、任务实施

任务工作单1

班级：__________ 姓名：__________ 学号：__________

完成下列选择题。（每题4分，共20分）

题 目	得分
1. 教师借助故事《大公鸡和漏嘴巴》来培养幼儿良好的行为习惯，教师使用了（ ）方法。 A. 活动竞赛法 B. 作品感染法 C. 环境熏陶法 D. 行为练习法	
2. 开展“洗手防疾病”“爱护我的小白牙”“打针我不哭”等系列活动属于（ ）教育途径。 A. 家园互动 B. 日常生活 C. 游戏活动 D. 课程	
3. 教师通过“食醋泡鸡蛋”的实验来帮助幼儿养成每天都刷牙的习惯，这里运用了（ ）原则。 A. 整合性 B. 集体教育与个别指导相结合 C. 适宜性 D. 科学性、直观性	
4. 幼儿日常健康行为教育的策略有（ ）。 A. 家园配合 B. 适时要求 C. 常抓不懈 D. 尽早入手	
5. 在盥洗、进餐、清洁、睡眠、锻炼、游戏等幼儿一日生活环节中渗透健康教育理念，实施健康教育策略，这体现了学前儿童健康教育的（ ）特点。 A. 复杂性 B. 反复性 C. 渗透性 D. 整合性	
合计	

任务工作单 2

班级：__________ 姓名：__________ 学号：__________

扫描右侧二维码，观看幼儿园生活习惯教育活动视频《擦屁股》，完成以下任务。

活动视频：《擦屁股》

（1）分析该活动的设计思路。

（2）评价该活动的实施效果。

任务工作单 3

班级：__________　　姓名：__________　　学号：__________

以小组为单位，扫描右侧二维码完成以下任务。

主题素材：牙齿真漂亮

根据“牙齿真漂亮”的主题素材，为小班幼儿设计1课时（20分钟左右）集体教学活动的教案。要求：教案格式完整规范，语言清晰、简洁、明了，目标设计、内容选择、方法运用等符合幼儿年龄特征和领域特点。［选自2022年全国职业院校技能大赛（高职组）“学前教育专业教育技能”赛项赛卷第04卷］

活动名称	
年龄班	
知识链接［对应《3～6岁儿童学习与发展指南》《幼儿园教育指导纲要（试行）》等］	
活动目标	
活动重点	
活动难点	
活动准备	
活动过程	
活动延伸	

七、评价反馈

班级		姓名		学号		日期	
评价指标	评价内容					分值	得分
信息检索能力	是否能有效利用网络、图书等资源查找相关信息，是否能将查到的信息有效地运用到学习中					5分	
学习态度	是否积极主动与教师、同学交流，相互尊重、理解，与教师、同学之间是否能保持多向、丰富、适宜的信息交流					5分	
学习方法	是否能运用信息平台学习，完成线上学习任务					15分	
学习成效	是否掌握幼儿生活习惯教育的原则、方法					10分	
	是否能合理设计、组织实施幼儿生活习惯教育活动					20分	
	是否能评价幼儿生活习惯教育活动的实施					10分	
健康观	是否重视环境创设及家园协作在幼儿生活习惯教育中的作用					10分	
课后作业	是否能按时完成课后作业，保质保量填写任务工作单					20分	
自评反馈	是否按时按质完成任务；是否较好地掌握了知识点；是否具有较强的信息分析能力和理解能力；是否具有较为全面、严谨的思维能力，并能条理清楚地表达成文					5分	
评价成绩							
评价人：				评价时间：			

模块三 幼儿安全防护教育

“幼儿安全防护教育”模块分为身体保护教育与安全自护教育两大学习项目。具体围绕认识幼儿身体生长发育规律、学习保护身体、培养安全意识和安全行为，学习设计、开展幼儿园安全教育活动等几大方面展开。通过“幼儿安全防护教育”模块的学习，应建立对幼儿身体成长的基本认知，掌握培养幼儿自我保护能力的方法和策略，重视幼儿安全，始终把保护幼儿生命及促进幼儿健康放在工作首位。

- 幼儿安全防护教育
  - 身体保护教育
    - 设计身体保护教育活动
    - 开展身体保护教育活动
  - 安全自护教育
    - 设计安全教育活动
    - 开展安全教育活动

项目一　身体保护教育

任务1　设计身体保护教育活动

一、任务描述

身体的秘密

又到了一天的区角活动时间，王老师照例观察着幼儿的区角活动情况。很快，她就在阅读区发现了一个有意思的现象。《身体的秘密》这本绘本似乎格外受幼儿的欢迎，有很多幼儿围在一起看得津津有味，还你一言我一语地不时讨论着，对身体知识的兴趣可见一斑。

身体的生长变化是幼儿每天都在经历的事情。他们渴望了解自己的身体，也对自己的身体每天发生的变化抱有浓厚的兴趣。自己的身体由哪些部分构成？应该怎样保护自己的身体？都是幼儿感兴趣的问题。因此，身体的认知和保护是幼儿园健康教育的重要内容。教师必须理解和掌握幼儿身体认知与保护的系统知识，才能更好地保护和促进幼儿身体的正常生长发育、增进健康、培养幼儿初步的健康意识与自我保健能力。

作为未来的幼儿教师，你对幼儿身体生长的秘密知道多少呢？

二、学习目标

（一）知识目标

（1）了解身体主要器官的名称、形态、结构与功能。

（2）掌握幼儿身体生长发育的规律。

（3）了解幼儿常见疾病防治的相关知识。

（二）能力目标

（1）学习保护身体的基本方法。

（2）能结合幼儿年龄特点设计身体保护的教育活动。

（3）能组织开展身体保护的相关活动。

（三）素养素质目标

（1）树立关心自己、关心幼儿、保护身体健康的意识。
（2）重视幼儿生命健康，始终将幼儿安全放在工作第一位。

三、学习重难点

（1）重点：设计幼儿身体认知与保护的教育活动。
（2）难点：有效开展幼儿身体认知与保护的相关活动。

四、相关知识链接

（一）幼儿身体健康教育的目标

1. 小班

（1）初步学习洗手、刷牙的顺序及基本方法。养成正确的站、坐、跳跃、走，以及睡觉的姿势。

（2）认识身边常见食物，喜欢吃各种食物，主动饮用白开水。学习使用常见的进餐工具。

（3）了解身体主要器官的名称、形态、结构与功能，认识五官并学习其保护的基本方法。

（4）愿意配合医生完成身体检查和疾病防治，积极完成预防接种。

2. 中班

（1）进一步认识身体主要器官，学习其保护方法，逐渐养成疾病预防意识和积极的治疗态度。知道保持愉快的情绪有益于健康。

（2）进一步认识身边常见的食物，喜欢吃各种食物，少吃零食，尽量不吃垃圾食品，逐步养成良好的饮食习惯。学习使用筷子。

3. 大班

（1）初步学习常见食物的营养价值，知道成长需要各种不同的营养，逐步养成不挑食、不偏食的好习惯。养成独立进餐习惯。

（2）进一步认识身体主要器官及其功能，并懂得常见的保护方法。了解有关龋齿和蛀牙的知识，并尝试自主护理牙齿。

（二）身体主要器官及其保护方法

学习保护身体，要帮助幼儿认识身体主要器官，了解其名称和功能，掌握保护身体的方法，增强自我保护能力，养成良好的保护意识与习惯。

1. 眼睛

活动案例：眼镜公主（中班）

眼睛是身体非常重要的器官，它不仅能帮助我们认识世界万物、让我们能见到美好的事物，还能维持身体平衡，但是眼睛也是非常容易受到损伤的身体部位。幼儿的视网膜一般是到12岁才发育完善的，因此要重点保护眼睛，定期检查视力。

如何做好幼儿保护眼睛的教育呢？可以通过课堂活动的形式（如图3-1所示），教育幼儿做到“三要五不要”。“三要”是指：一要确保充足的休息，长时间用眼容易眼睛疲劳，每隔一段时间需要休息几分钟，远离屏幕或物体，眺望远处；二要保持正确的用眼姿势，保持正确的坐姿或站姿，避免过度低头或仰头；三要使用适当的照明，保持适度的室内照明，避免过强或过弱的灯光，避免反射和眩光。“五不要”是指：一是不要用手揉眼睛，眼睛要保持清洁，毛巾要专用；二是游戏时注意不要被尖锐物品，如剪刀、竹签、筷子等伤害到眼睛；三是不围观电焊，以免发生电光性眼炎；四是防止异物，如沙子、飞虫等进入眼睛；五是不要长时间观看电子屏幕，如看电视、电脑等。当发现眼前即将有危险物体进入眼睛时，要迅速紧闭双眼保护好眼睛；当出现眼睛发痒时要及时告诉大人，如果出现严重的眼睛问题或不适，则应及时就医。

图3-1　课堂活动

2. 耳朵

耳朵是听觉的感受器官。幼儿的外耳道壁还没有骨化，咽鼓管较短，容易受到感染，引发中耳炎等疾病，因此要特别注意保护。

保护耳朵要注意以下几点：用自然的声音说话、唱歌，不大声喊叫，听见刺耳的声音要立即捂住耳朵；不用尖锐物品挖耳朵，不将异物放进耳中。

3. 牙齿

拓展资源：换牙小知识

牙齿是消化的第一关口，对人体的消化和吸收起着重要的作用。幼儿的牙釉质较弱，牙本质较软，牙髓腔较大，比起成人，更容易患龋齿。幼儿期处于乳牙和恒牙的交换期，要引导好幼儿保护牙齿、预防龋齿。保护牙齿要做到：养成良好的饮食习惯，少吃甜食、饭后漱口；掌握正确的刷牙方法，早晚认真刷牙；不吮吸手指、不咬指甲，不咬铅笔、壳等硬物；换牙时科学护理，正确对待换牙。

（三）儿童生长发育的规律

1. 生长发育的阶段性和程序性

（1）生长发育的阶段性。生长发育是一个连续过程，由不同的发育阶段组成。根据这些阶段的特点，加上生活、学习环境的不同，可将儿童少年的生长发育过程划分成几个年龄期：婴儿期、幼儿期、童年期、青春期和青年期。

（2）生长发育的程序性。生长发育有一定程序，各阶段间顺序衔接。前一阶段的发育为后一阶段奠定必要基础；任何阶段的发育出现障碍，都将对后一阶段产生不良影响。

胎儿期和婴幼儿期发育遵循“头尾发展律”。从生长速度来看，胎儿期头颅生长最快，婴儿期躯干增长最快，2～6岁下肢增长幅度超过头颅和躯干。因此，儿童的身体比例不断变化，由胎儿2个月时特大的头颅（占全身4/8）、较长的躯干（占全身3/8）、短小的下肢（占全身1/8）发展到6岁时较为匀称的比例（头占全身1/8强，躯干占全身4/8弱，下肢占全身3/8）。从动作发育来看，儿童会走路前必须先经过抬头、转头、翻身、直坐、爬行、站立等发育阶段。手部动作发育的规律性更明显，新生儿只会上肢无意识乱动；4～5个月开始有取物动作，但只能全手一把抓；10个月时才会用手指拿东西；2岁左右手的动作更准确，会用勺子吃饭；手部精细动作（如写字、画图等）要到6～7岁才基本发育完善。

2. 生长发育速度的不均衡性

整个生长期内个体的生长速度有时快，有时慢，是不均衡的。因此，生长发育速度曲线呈波浪式。从胎儿到成人，先后出现两次生长突增高峰：第一次从胎儿4个月至出生后一年；第二次发生在青春发育早期，女孩比男孩早两年左右。身长在胎儿4～6个月增长约27.5厘米，占正常新生儿身长的一半左右，是一生中生长最快的阶段；体重在胎儿7～9个月增长约2.3千克，占正常新生儿体重的2/3以上，也是一生中增长最快的阶段。出生后增长速度开始减慢，但出生后第一年中身长增长20～25厘米，为出生时的40%～50%；体重增长6～7千克，约为出生时的2倍，都是出生后生长最快的一年。出生后第二年，身长增长约10厘米，体重增长2～3千克。2岁后至青春期前，生长速度减慢并保持相对稳定，平均每年身高增长4～5厘米，体重增长1.5～2.0千克，直到青春期开始。青春期开始后生长速度再次加快，身高一般每年增长57厘米，处在生长速度高峰时一年可达10～12厘米；男孩增幅大于女孩。体重一般每年增长4～5千克，高峰时一年可达8～10千克。

3. 各系统生长模式的时间顺序性与统一协调性

根据不同组织、器官的不同生长发育时间进程，可将全身各系统归纳为四类不同的生长模式。

（1）一般型。包括全身的肌肉、骨骼、主要脏器和血流量等，生长模式和身高、体重基本相同，先后出现胎婴儿期和青春期两次生长突增高峰，其余时间稳步增长。青春发育中、后期增长幅度减慢，直到成熟。

（2）神经系统型。脑、脊髓、视觉器官和反映头颅大小的头围、头径等，只有一个生长突增期，其快速增长阶段主要出现在胎儿期至6岁前。由于神经系统优先发育，出生时脑重已达成人脑重的25%，而此时体重仅为成人的5%左右；6岁时脑重约1200克，达成人脑重的90%。头围测量在评价学前儿童（尤其3岁前）神经系统发育方面有特别重要的意义。

（3）淋巴系统型。胸腺、淋巴结、间质性淋巴组织等在出生后的前10年生长非常迅速，12岁左右约达成人的200%。其后，伴随免疫系统的完善，淋巴系统逐渐萎缩。体检时对儿童的淋巴系统状况进行评价，不应以成人标准衡量。

（4）生殖系统型。生后第一个10年内，生殖系统外形几乎没有发展；青春期生长突增开始后生长迅猛，并通过分泌性激素，促进机体的全面发育成熟。

机体各系统的发育既不平衡，又相互协调、影响和适应。这是人类在长期生存和发展中对环境的一种适应性表现。任何一个系统的发育都不是孤立的，而任何一种作用于机体的因素都可对多个系统产生影响。

（四）儿童常见病的病因及预防①

1. 佝偻病

（1）病因。

①紫外线照射不足。人体所需的维生素D除了一小部分可自食物中摄取外，主要通过皮肤接受紫外线照射后产生。如果缺乏户外活动，人体就会缺乏维生素D，影响钙的吸收，可致佝偻病。

②生长过快。早产儿、双胎儿出生后生长速度较快，对维生素D的需要量较多，易患佝偻病。

③长期腹泻。长期腹泻会导致人体对钙、磷的吸收减少，从而引起佝偻病。

④人工喂养。牛奶中钙、磷的比例不适当，人体吸收较差，人工喂养的乳儿易患佝偻病。

（2）症状。

①一般症状。一般症状多发生于佝偻病早期，表现为睡眠不安，夜间常惊醒哭吵；多汗，与气候冷暖关系不大。因头部多汗，头皮痒，患儿在枕头上蹭痒，导致枕部头发脱落，称为“枕秃”。

②骨骼改变。佝偻病进一步发展就会在骨骼上出现改变，具体表现为：

方颅——颅骨呈方形，显得头大脸小；

前囟晚闭——1岁半尚未愈合；

串珠肋——肋骨上距胸骨几厘米处，有钝圆形的隆起，前胸靠下的几根肋骨比较明

① 孙树珍，麦少美. 学前儿童健康教育活动指导［M］. 4版. 上海：复旦大学出版社，2021.

显，隆起自上到下呈一串珠子，故称“串珠肋”；

鸡胸——胸骨向前突出，胸廓变窄；

下肢弯曲——小儿会站、会走以后，下肢出现弯曲，呈“O”形或“X”形，影响步态。

③动作发育迟缓。

④大脑皮层兴奋性降低，条件反射形成迟缓，语言发展较晚。

（3）预防。

①多在户外活动，接受阳光紫外线的照射。

②提倡母乳喂养，及时添加辅食。母乳中钙、磷的比例适当，人体吸收好，是理想的钙的来源。及时添加蛋黄、肝泥、菜泥等辅食，从中获得一部分维生素D。

③北方因冬季寒冷漫长，小儿出生后两周可开始服用鱼肝油。若服用浓缩鱼肝油，则每日3～4滴。2岁以后，生长速度减慢，又常在户外活动，就不必再服药了。

④预防先天性佝偻病。胎儿出生前3个月，要从母亲体内摄取大量的钙，供骨骼钙化。若孕妇少见阳光，饮食中缺钙，则胎儿出生后可患先天性佝偻病。因此，孕妇要常晒太阳，吃含钙丰富的食物。

2. 肥胖病

肥胖病是指皮下脂肪积聚过多，体重超过同年龄正常儿童很多。一般认为，体重超过相应身高应有体重的20%即为肥胖。

（1）病因。

①多食、少动。往往家长会误认为孩子越胖越健康，使小儿养成过食的习惯，摄入的热能长期超过消耗量，剩余的热能转化为脂肪积存体内。缺乏适量运动也为肥胖病的原因，而肥胖的小儿大都不喜欢运动，如此形成恶性循环，从而更加超重。因多食、少动所致的肥胖，称为“单纯性肥胖”。

②遗传因素。父母肥胖，子女易成肥胖体型。

③心理因素。受到精神创伤或心理异常的小儿可有异常食欲，导致肥胖病。

④内分泌疾病。内分泌功能异常所致的肥胖，常伴有生殖器发育迟缓、体脂分布特殊等表现，可与单纯性肥胖相鉴别。

（2）症状。

①食欲奇佳，食量超过一般小儿很多，喜欢淀粉、油脂类食品。

②体格发育较正常小儿迅速，智力正常，性发育正常。

③体脂聚集以乳房、腹部、臀部、肩部尤为显著。

④易患扁平足。

（3）预防。

①饮食管理。不宜使体重骤然减轻。最初，只要求制止体重速增，以后可使体重逐渐下降，至超过高年龄正常体重的10%左右时，即可不必严格限制食物，但仍需要控制食量。在饮食管理期间，仍需要照顾小儿的基本营养需要，如蛋白质供应量每日不宜少

于1～2克/千克（体重），维生素和无机盐的供应量应充分。设法满足小儿食欲，使其不致因饥饿而感到痛苦。可提供热能少的食物，如萝卜、芹菜等。根据以上原则，食物应以蔬菜、水果、粮食为主，辅以适量的瘦肉、鱼、鸡蛋、豆类等。饮食管理须长期坚持才能获得满意的效果。

②增加运动量。提高小儿对运动的兴趣，使之成为习惯，坚持锻炼。应避免剧烈运动致使食欲大增。逐渐增加每天的运动量，至每日1小时左右。

③内分泌失调所致肥胖，可针对病因进行治疗。

④心理异常、精神因素所致肥胖，应进行心理治疗。

3. 龋齿

（1）病因。残留在牙齿上的食物，在口腔内细菌的作用下产生酸，酸把牙齿腐蚀成了龋洞。钙化不良、排列不齐的牙齿，易患龋齿。

（2）症状。

①乳牙的牙釉质、牙本质较薄，龋洞易达到牙本质深层，如果遇冷、热、酸、甜等刺激，则有酸痛不适感。

②龋洞深入牙髓，可致牙髓炎，脓液积聚在髓腔内，压迫神经末梢，可引起剧烈牙痛。

（3）预防。

①注意口腔卫生。3岁以前，饭后漱口以及时清除食物残渣。3岁以后，可学习刷牙，早晚各一次。刷牙采用顺着牙缝直刷的方法，刷上颌牙从牙龈处往下刷，刷下颌牙从牙龈处往上刷，这样不仅可刷净牙缝里的食物残渣，而且不损伤牙龈。

②合理营养。多晒太阳，使牙釉质正常钙化，增强抗酸能力。

③预防牙列不齐。当用奶瓶喂奶时，勿使瓶口压迫乳儿牙龈；不吸吮干橡皮奶头；纠正幼儿吸吮手指、咬铅笔等不良习惯，以避免影响颌骨的正常发育。若颌骨发育不正常，则可致牙齿排列不齐。在换牙期间，若恒牙已经萌出，乳牙滞留，则形成“双排牙”，应及时拔去滞留的乳牙，使恒牙的位置正常。

（4）治疗。乳牙患龋齿，进展较快，不仅会影响咀嚼功能，还会影响恒牙的正常发育，因此应及早治疗。

五、思想政治素养养成

家园共育：预防近视的小办法

1.保证每天户外活动时间不少于2个小时

婴幼儿在户外活动时接受日光浴，能增加眼内多巴胺等活性物质释放，促进其眼球正常发育并抑制眼轴变长，是预防近视性价比最高的办法。户外活动时间的长短与屈光度数、眼轴长度等近视指标有着紧密联系。如果婴幼儿长期保持充足的户外活动时间，就会对近视有一定的防护作用。

2.正确地佩戴眼镜可以延缓近视度数的增高

如果孩子视力出现不正常的情况，如看不清近距离的人和物，家长应及时带孩子去正规的医院就医。一旦确定诊断为近视及相应的度数，就需要佩戴眼镜及时矫正。婴幼儿应每隔3～6个月到医院进行视力复查，并根据实际情况考虑是否更换眼镜。而且，在佩戴眼镜的过程中，千万不能一会儿佩戴眼镜，一会儿摘掉眼镜，这样错误的佩戴眼镜方式也会造成眼睛度数直线上升的原因。另外，还可以通过做眼保健操的形式减轻眼睛的疲劳。

3.养成良好的用眼习惯

长时间的近距离用眼是导致形成近视眼的关键因素。这就要求养成良好的用眼习惯。一是坚持读写时“一尺一拳一寸的好习惯”。眼睛距离书本一尺，胸口距书桌一拳，手离笔尖一寸，尽量不要躺着或者在光线特别强烈或黑暗的地方看书。二是坚持“20—20—20”原则，近距离用眼20分钟后，向6米以外的地方远眺20秒以上，让视疲劳得到一定的放松。三是保持光线适度。在阅读时应尽量在光线适中的房间，长时间在强光下或是光线不足的地方进行阅读都会对眼睛造成伤害。

4.严格管控使用电子产品的时间

由于现代生活节奏加快，很多父母常常缺少时间陪伴孩子。有时为了防止孩子打扰自己加班的情况，有些父母就使用电子产品吸引他们的注意力，减少其吵闹。长时间过度使用电子产品，易消耗儿童远视储备量，从而导致近视。年龄越小的孩子，应尽量少使用电子产品，并控制每次使用的时间。如年龄较小的幼儿每次看电视不超过30分钟。

5.饮食要均衡

多摄入富含维生素A、维生素C和维生素E、叶黄素、玉米黄素等的食物，如胡萝卜、菠菜、番茄、橙子等，有助于维护眼睛健康。

阅读以上内容，请思考：你会用哪些方式有效地向家长传达正确的用眼知识呢?

六、任务实施

任务工作单 1

班级：__________　　姓名：__________　　学号：__________

引导问题：

阅读《3～6岁儿童学习与发展指南》健康领域部分，从中梳理出和身体认知与保护有关的目标。

任务工作单2

班级：__________　　姓名：__________　　学号：__________

案例材料

一名叫苗苗的幼儿在体育活动中突然流鼻血了。幼儿们十分紧张，眼看鼻血越流越多，教师立刻进行了处理并将苗苗带至医务室。事件发生后教师利用该契机开展了“流鼻血怎么办”的教育活动，让幼儿了解流鼻血以后的相关急救措施。

请根据该案例思考：在幼儿一日生活中教师应如何帮助幼儿获得关于保护鼻子的正确认知。

环节	教育内容	具体做法

任务工作单 3

班级：__________　　姓名：__________　　学号：__________

换牙是幼儿成长过程中的正常现象，有的幼儿由于不了解换牙知识，十分害怕换牙；有的幼儿由于不知道如何保护牙齿，出现龋齿、蛀牙，影响幼儿的健康。请阅读以下案例材料，以“保护牙齿”为主题，设计一个幼儿健康教育活动，帮助幼儿了解正确的护牙、换牙知识，年龄阶段自定。

案例材料

一天，幼儿们在喝水的时候，小锐发现自己的一颗门牙掉了下来，他惊慌地跑去告诉老师：“老师，我的牙掉了！”其他幼儿围着小锐，开始七嘴八舌地讨论起来，有的幼儿则十分害怕自己换牙期的到来。

活动名称	
年龄班	
知识链接 ［对应《3～6岁儿童学习与发展指南》《幼儿园教育指导纲要（试行）》等］	
活动目标	
活动重难点	
活动准备	

活动过程	
活动延伸	

七、评价反馈

<table>
<tr><td>班级</td><td></td><td>姓名</td><td></td><td>学号</td><td></td><td>日期</td><td></td></tr>
<tr><td>评价指标</td><td colspan="5">评价内容</td><td>分值</td><td>得分</td></tr>
<tr><td>信息检索能力</td><td colspan="5">是否能有效利用网络、图书等资源查找相关信息，能将查到的信息有效地运用到学习中</td><td>5分</td><td></td></tr>
<tr><td>学习态度</td><td colspan="5">是否积极主动与教师、同学交流，相互尊重、理解，与教师、同学之间是否能保持多向、丰富、适宜的信息交流</td><td>5分</td><td></td></tr>
<tr><td>学习方法</td><td colspan="5">是否能运用信息平台学习，完成线上学习任务</td><td>15分</td><td></td></tr>
<tr><td>学习成效</td><td colspan="5">是否知道幼儿身体认知、身体保护的内涵</td><td>10分</td><td></td></tr>
<tr><td rowspan="3">教育观</td><td colspan="5">是否能说出幼儿身体生长发育的规律，能掌握幼儿身体部位、器官认知和保护的相关知识</td><td>10分</td><td></td></tr>
<tr><td colspan="5">是否能掌握幼儿常见疾病防治的相关知识</td><td>20分</td><td></td></tr>
<tr><td colspan="5">是否认同开展幼儿身体保护教育的重要性，重视幼儿的身体保护教育</td><td>10分</td><td></td></tr>
<tr><td>课后作业</td><td colspan="5">是否能按时完成课后作业，保质保量填写任务工作单</td><td>20分</td><td></td></tr>
<tr><td>自评反馈</td><td colspan="5">是否按时按质完成任务；是否较好地掌握了知识点；是否具有较强的信息分析能力和理解能力；是否具有较为全面、严谨的思维能力，并能条理清楚地表达成文</td><td>5分</td><td></td></tr>
<tr><td colspan="6">评价成绩</td><td colspan="2"></td></tr>
<tr><td colspan="4">评价人：</td><td colspan="4">评价时间：</td></tr>
</table>

任务2　开展身体保护教育活动

一、任务描述

这天，幼儿在玩区角游戏时，小颖挂了个眼科，小玲“小医生”就利用墙上的视力表为小颖检查起了眼睛。“小医生”边指着1.0（四颗星）这一行的字符，边看着小颖。只听到小颖说：“看不清。”“小医生”接着往上指，……终于小颖在0.4（没有星）这一行准确地指对了。于是，小玲“小医生”吩咐小颖：“你眼睛不好，要去配眼镜。以后要注意保护眼睛，不然长大了就看不见了。”

在幼儿园，你认为可以通过哪些途径培养幼儿的自我保护能力？

二、学习目标

（一）知识目标

（1）进一步理解幼儿身体认知与保护培养的目标和内容。

（2）掌握幼儿身体保护教育的方法与策略。

（二）能力目标

（1）能设计、修改完善幼儿身体保护教育活动方案。

（2）能根据幼儿特点组织开展幼儿身体保护教育活动。

（三）素养素质目标

（1）主动设计科学合理的幼儿身体保护教育活动。

（2）乐意培养幼儿良好的生活习惯，积极承担照护幼儿的责任。

三、学习重难点

（1）重点：能根据幼儿特点组织开展幼儿身体保护教育活动。

（2）难点：积极承担照护幼儿的责任。

四、相关知识链接

（一）幼儿身体保健教育的组织形式

1. 教育活动

幼儿园教育活动的课程模式多种多样，具有代表性的主要有学科课程、主题教育活动（如单元主题教育活动、系列主题教育活动）、活动课程（或以幼儿为中心的核心课程如游戏、活动区活动）等。幼儿身体保健教育的组织形式要根据本领域的发展目标、不同的教育内容、本园的实际情况和本班幼儿的发展水平，选择相应的课程模式。这里我们重点分析主题教育活动。

幼儿园主题教育活动是指教师根据教育目标和幼儿认识发展的需要，在一定阶段围绕一个教育中心课题，综合选用多种教育形式，组成一系列活动，发挥各种教育手段的交互作用，各领域相互融合，促进幼儿认知、情感、个性等各方面全面协调地发展。

幼儿园主题教育活动一般包括半日主题教育活动和系列主题教育活动。

半日主题教育活动的各项内容都与主题有密切关系，并有机结合。例如，半日主题教育活动“神奇的鞋”中，由“漂亮的鞋”（通过认识各种鞋，了解不同种类的鞋）、“神奇的鞋”（使幼儿知道鞋的功能，大人的鞋和小朋友的鞋不同，要穿适合自己的鞋才舒服、健康，当鞋不合适时要告诉家长）、“好玩的鞋”（使幼儿乐于参加活动，在户外活动中玩踩脚印、跳脚印的游戏）、“好看的鞋”（通过幼儿画鞋，相互欣赏作品，分享活动经验）四项内容组成，在晨间活动、学习活动、游戏活动、户外活动中，通过集体活动、小组活动、自选活动等各种方式，使幼儿在做做玩玩中认识鞋的种类、功能，增进身体健康，促进大动作的发展，养成良好的着装、穿鞋的好习惯，达成主题目标。

2. 家园合作

幼儿健康教育内容与家庭生活内容密切相关，在幼儿园有个人与公共卫生问题、饮食习惯问题、安全问题，在家庭中也同样存在。如果仅靠幼儿园的集体教育而没有家庭教育的积极配合，幼儿健康教育的效果就会事倍功半；反之，如果幼儿园的集体教育与家庭教育协调一致，幼儿健康教育就能起到事半功倍的作用。因此，幼儿健康教育必须得到家庭的积极配合，家长理应成为幼儿健康教育的指导者。家园合作的途径多种多样，如要求家长主动配合幼儿园的教育（比如，带幼儿过马路时主动遵守交通规则），在家庭中帮助孩子理解与巩固在幼儿园所学的健康知识和技能，巩固好的生活习惯；让家长参与设计教育方案，一起参加教研活动（比如，一起研究如何教育孩子不轻信陌生人）；将幼儿园的教育要求（如不偏食、不挑食）延伸到家庭，将幼儿在家中的情况及时反馈到幼儿园（调查幼儿在家是否不挑食）；家长还可以作为教育的一方，直接参与活动（如幼儿生活自理能力的训练，穿衣服、扣扣子、刷牙、漱口、整理自己的物品等）。家园合作就是教师、家长对幼儿生活习惯、生活自理能力等各方面的要求保持一贯性和连续性，使幼儿的大脑皮层能形成固定的条件反射，建立起良好的动力定型，以取得更好的教育效果。

3. 生活活动

幼儿身体保健教育是对幼儿健康意识和良好生活习惯的养成教育，这些内容本身的特点决定了必须是生活教育，仅靠专门的集体教育活动是不够的，需要在日常生活中长期渗透和进行，在生活活动中加强行为练习。日常生活中的每个环节几乎均可用来对幼儿进行健康教育。生活活动的作用主要表现在两个方面。其一，日常生活中的健康教育常常比传统意义上的“上课”来得及时。比如，幼儿一入园，第一件事情或许就是“怎样在幼儿园上厕所”，教师就可以在带幼儿参观熟悉新环境时适时地进行这方面的行为指导，而不必等到幼儿正儿八经地坐下来时才进行。其二，日常生活中的健康教育使健康教育活动得到延伸，有利于巩固幼儿的健康行为。比如，虽然教师已经专门组织过了“不偏食”“不挑食”的教育活动，但幼儿只是在认识上有了提高，至于态度的转变和行为的确立还有待于就餐时的检验，教师正好结合每日的“一餐一点”（或“三餐两点”）进行继续教育。又如，空气浴锻炼可以通过早操、户外活动实现，冷水浴可以通过冷水洗手、洗脸进行。幼儿良好的行为习惯必须通过日常生活得到巩固。

（二）各年龄阶段幼儿身体认知与保护教育目标[①]

1. 小班

（1）了解身体的外部结构，认识并学习保护五官。

（2）初步了解治疗疾病的简单知识，乐于接受预防接种和疾病治疗，不随意吃药。

2. 中班

（1）进一步认识身体外部主要器官及功能，知道为什么要保护它们。

（2）初步懂得疾病预防和治疗的重要性，并形成积极的态度和行为。

3. 大班

（1）初步认识身体内部主要器官、功能及其保护方法。

（2）注意换牙期的牙齿保健和用眼卫生，科学用脑。

五、思想政治素养养成

近期，部分地方陆续开始网上“停课不停学”工作，针对社会普遍关心的问题，教育部有关负责人11日回应：目前采取的网上学习是一项临时应急措施。“停课不停学”不是指单纯意义上的网上教学，也不只是学校课程的学习，而是一种广义的学习，只要有助于学生成长进步的内容和方式都是可以的。

该负责人指出，学习的方式应该是多种多样的，网上教学是“停课不停学”的方式之一，是利用信息化手段实施教学的一种探索。针对一些地方组织教师录播网上课程的现象，该负责人认为，开展“停课不停学”、做好网上教学工作没有必要普遍要求教师去录播课程。要充分利用好国家、地方、学校现有的优质网络课程资源，确有需要的，可由教育部门统筹组织少数优秀骨干教师适当新录一些网络课程，作为必要补充，共享优质资源。各地要针对网上学习特点和各学科特点，认真研究明确适合线上学习的课程，防止照搬套用正常课堂教学方式、时长和教学安排。

同时，该负责人指出，实施“停课不停学”，各地要区别不同学段学生的实际情况和网上教学的特点，合理选择学习资源。对小学低年级上网学习不做统一硬性要求，由

① 孙树珍，麦少美．学前儿童健康教育活动指导[M]．4版．上海：复旦大学出版社，2021．

家长和学生自愿选择，对其他学段学生做出限时、限量的具体规定，避免学生网上学习时间过长。同时，不得强行要求学生每天上网“打卡”、上传学习视频等，防止增加学生不必要的负担。要指导学生合理安排作息时间，通过增大休息间隔、做视力保健操、强化体育锻炼等方式，保护视力，增强体魄，保障身心健康。严禁幼儿园开展网上教学活动。

居家学习因客观条件、学生自主学习能力等方面的不同，学习效果会有差别。该负责人强调，要防止以居家学习完全代替学校课堂教学，正式开学恢复课堂教学后，各地各校要精准分析学情，认真对学生居家学习情况进行摸底，对学习质量进行诊断评估，有针对性地制订教学计划。

资料来源：《教育部——“停课不停学”不等同于网上上课 不得强行要求学生每天上网“打卡”》，《人民日报》2020年2月12日

阅读以上材料，请和小组成员讨论：在信息化时代，如何解决保护视力与网络学习的冲突？

六、任务实施

任务工作单 1

班级：__________　　姓名：__________　　学号：__________

引导问题：

扫描右侧二维码，查看活动视频，谈谈“眼镜公主（中班）”活动对你的启示。

活动视频：《眼镜公主（中班）》

1.“眼镜公主（中班）”活动的亮点
2. 在“眼镜公主（中班）”活动中教师采用的教学方法

任务工作单2

班级：__________ 姓名：__________ 学号：__________

引导问题：

扫描右侧二维码，阅读给定的故事题材（《没有牙齿的老虎》）设计一份身体保护的活动方案，活动类型与活动对象自定。

故事题材：《没有牙齿的老虎》

活动名称：
活动对象：
活动类型：生活活动/区域活动/集体教学活动/亲子活动/社会实践活动
具体实施：

任务工作单 3

班级：__________　　　　姓名：__________　　　　学号：__________

引导问题：

根据任务工作单2设计的身体保护活动方案，和小组成员轮流模拟展示该活动，并进行记录。

活动亮点	
准备工作	
自我评价	
他人评价	
下一步改进方向	

七、评价反馈

班级		姓名		学号		日期	
评价指标	评价内容					分值	得分
信息检索能力	是否能有效利用网络、图书等资源查找相关信息，是否能将查到的信息有效地运用到学习中					5分	
学习态度	是否积极主动与教师、同学交流，相互尊重、理解，与教师、同学之间是否能保持多向、丰富、适宜的信息交流					5分	
学习方法	是否能运用信息平台学习，完成线上学习任务					15分	
学习成效	是否能说出幼儿身体保护与认知活动的几种组织形式					10分	
	是否能掌握各年龄阶段幼儿身体认知与保护的目标					10分	
	是否能根据身体保护与认知的内容合理设计教学活动					20分	
教育观	是否认同开展幼儿身体保护教育的重要性，重视幼儿的身体保护培养					10分	
课后作业	是否能按时完成课后作业，保质保量填写任务工作单					20分	
自评反馈	是否按时按质完成任务；是否较好地掌握了知识点；是否具有较强的信息分析能力和理解能力；是否具有较为全面、严谨的思维能力，并能条理清楚地表达成文					5分	
评价成绩							
评价人：				评价时间：			

项目二　安全自护教育

任务1　设计安全教育活动

一、任务描述

在一场由特邀嘉宾扮演“人贩子”的诱拐实验中，某幼儿园60名小班幼儿在不知情的情况下，进入了实验。在实验的半小时内，零食、玩具、贴画轮番上阵，32名小朋友被顺利“骗”走。这一幕，让幼儿园教师焦急万分。

“人贩子”拿着贴画走近幼儿，温和地说：“小朋友，我是王老师，你叫什么名字？”

幼儿回答道：“我叫轩轩。”

“人贩子”说：“轩轩，你跟我去滑滑梯好不好？表现好，我给你贴画。”

幼儿高兴地说道：“好！”

像轩轩一样的幼儿就这样被轻松抱“骗”到了幼儿园门口。走在路上，竟然还和“人贩子”玩起了游戏，丝毫没有戒备之心。

在各种诱惑面前，年幼的孩子把家长和教师的安全教育都抛在了脑后，这个实验非常值得家长和教师反思：安全教育问题出在哪里，家庭和幼儿园应该采取哪些方式对幼儿进行安全教育？

二、学习目标

（一）知识目标

（1）掌握幼儿园安全教育的内容，熟悉幼儿园安全教育的措施。

（2）熟悉幼儿安全教育目标制定和内容选择的要求。

（3）熟悉幼儿安全问题的特征和影响因素。

（二）能力目标

（1）能根据幼儿身心发展特点制定幼儿安全教育活动的目标。

（2）能根据所学知识较为合理地设计与组织幼儿安全教育活动。

（三）素养素质目标

（1）树立“安全第一”的观念，具备珍爱生命的意识。
（2）认同开展幼儿安全教育的价值和意义。

三、重难点

（1）重点：幼儿安全教育目标制定和内容选择的要求。
（2）难点：能根据所学知识较为合理地设计与组织幼儿安全教育活动。

四、相关知识链接

（一）幼儿安全教育的概念

幼儿安全教育是指幼儿园教师及其他责任相关者为培养幼儿的安全意识、辨析安全与否的能力、自我保护能力、情感安全而对幼儿进行的日常和专题教育及模拟演习等活动。

《幼儿园教育指导纲要（试行）》明确规定：“幼儿园必须把保护幼儿的生命和促进幼儿的健康放在工作的首位。”可见，安全教育是幼儿园教育工作的基础环节，也是重中之重。幼儿园应针对幼儿身心特点及发展阶段，制定适合不同年龄阶段幼儿的安全教育方案，针对日常生活中可能遇到的安全问题对幼儿进行循序渐进的安全教育，帮助他们树立自我保护意识，养成良好行为习惯，提高自我保护能力。

（二）幼儿安全教育的目标

安全教育目标是开展安全教育的出发点和归宿，开展安全教育必须符合儿童的年龄特征，《3～6岁儿童学习与发展指南》中对学前儿童安全知识与自我保护能力的年龄阶段发展目标提出了具体要求及教育建议，应包含增强自我保护意识、提高自我保护能力、养成良好的安全自护行为习惯（见表3-1）。

表3-1　学前儿童安全知识与自我保护能力

3～4岁	4～5岁	5～6岁
1. 不吃陌生人给的东西，不跟陌生人走 2. 在提醒下能注意安全，不做危险的事 3. 在公共场所走失时，能向警察或有关人员说出自己和家长的姓名、家长的电话号码等简单信息	1. 知道在公共场合不远离成人的视线单独活动 2. 认识常见的安全标志，能遵守安全规则 3. 运动时能主动躲避危险 4. 知道简单的求助方式	1. 未经大人允许不给陌生人开门 2. 能自觉遵守基本的安全规则和交通规则 3. 运动时能注意安全，不给他人造成危险 4. 知道一些基本的防灾知识

（三）制定幼儿安全教育活动目标的要求

幼儿安全教育的目标是感知生命的重要性，乐于学习安全知识，养成良好的行为习惯，减少意外伤害事故的发生，最终提高幼儿的自我保护能力。《3～6岁儿童学习与发展指南》中对幼儿安全知识与自我保护能力的年龄阶段发展目标提出了具体要求及教育建议。幼儿安全教育活动的目标在制定过程中应遵循以下要求。

1. 从“简单”预防转向“自辨自救”

在日常的幼儿教育活动中，一些教师把幼儿安全教育的目标定位在教授预防常见意外伤害的知识与技能上，例如，吃饭时不要说话、排队上楼梯时不推别人、追逐游戏中避免碰撞、过马路时要看红绿灯等。而对于特殊危险情境（如拐骗、性侵、地震等）中的自主辨别与危险中的自救能力等方面的教学还不够重视和深入。联合国21世纪教育委员会提出了作为现代人的基本素质要求：学会生存、学会做事、学会求知、学会共处。其中，“学会生存”更强调人的积极性、主动性和创造性，这就要求我们的幼儿园安全教育不仅要为幼儿提供常见的预防知识和技能，而且要培养幼儿在复杂情境中自我保护的主动意识和积极处理问题的能力。

2. 符合幼儿年龄特点和认知水平

在幼儿安全教育活动目标的制定中，要考虑到幼儿的年龄差异和实际情况，有针对性地设计适合幼儿发展的目标。例如，在对小班幼儿开展安全教育活动时，可以将培养初步的危险意识，学习身体器官知识，懂得保护自己的身体，能听从教师指令进行安全演习等作为主要目标；在对中班幼儿开展安全教育活动时，可以要求幼儿在游戏、运动中遵守一定的安全规则，学习简单的自救方法，并能进一步地掌握安全知识和技能；对于大班幼儿，我们应当提出更高要求，不仅要学会必要的安全知识，懂得怎样保护自己，而且应当制定如何判断和避免危险，最终实现预防危险的目标。

微课：幼儿安全教育

（四）幼儿安全教育的内容选择

1. 常规的幼儿安全教育内容

常规的幼儿安全教育内容包括日常生活安全教育、活动安全教育、自然安全教育和社会安全教育。

（1）日常生活安全教育。防火、防电、防煤气、防溺水、防异物窒息、防踩踏等意外事故，以及食品药品安全、交通安全等都属于日常生活安全教育的内容。

（2）活动安全教育。活动安全教育包括游戏安全、玩具安全、运动器械安全等。

（3）自然安全教育。例如，消防安全、地震逃生、防雷电及防其他极端天气等。

（4）社会安全教育。例如，防拐骗、防性侵等。

2. 新型的幼儿安全教育内容

随着人们生活水平的提高，越来越多的幼儿体验到科学技术发展为生活带来的便利，同时，也遭遇到了新型安全事故发生的风险。

（1）新型设备安全教育。比如，孩子去地铁站、航站楼时，会对安检机十分好奇，趁着家长不注意，有的孩子钻进了安检机，有的孩子把手、脚或胳膊放到了安检机的传送带致身体被卡受伤。又如，现代家庭和社区都有一些健身器材，这些健身器材也可能成为幼儿伤亡事故的重大元凶，有的孩子在使用健身器材时被压断手指，被卡住腿、卡住脑袋，甚至有致残、致死的情况发生。

（2）网络安全教育。如计算机、手机等电子产品的频繁使用会使幼儿的身体发育面临危险，使用互联网可能会遭遇网络暴力、色情陷阱等安全事故。网络安全教育的具体内容有：让幼儿知道只有在父母或教师陪伴时才能使用互联网；示范并强调安全使用规范，比如，可以设置密码保护自己的账号安全等；不接受陌生人的好友请求，不和陌生人聊天，不在网络上发布诸如手机号码、真实姓名、家庭地址、私人照片等包含隐私的信息等。

为避免这些层出不穷的新型安全事故，家长和教师要在做好预防教育的同时，不断更新和升级各自的安全教育资源库。

（五）幼儿安全教育活动设计

1. 幼儿安全教育内容具体化

幼儿安全教育的范围很广，而幼儿的能力有限，要在短时间内掌握所有的内容比较困难。因此，教师可以根据幼儿的年龄特点和生活需要，把安全教育的内容具体化。比如，结合主题教育，使幼儿了解在遇到火灾、地震等灾害时的一些自我保护方法；结合游戏活动，让幼儿了解一些特殊的电话号码；结合设计的情景表演，让幼儿知道不能随便跟陌生人走，不能随便吃陌生人的东西，遇到危险或困难时会寻求帮助。

2. 幼儿安全教育内容形象化

幼儿依赖具体形象思维，而传统的幼儿安全教育都是渗透在日常生活中的，没有设置专门的课程，这使得幼儿对安全知识的掌握不够。为了使幼儿安全教育取得更好的教育效果，教师要把幼儿安全教育内容形象化，通过主题活动加强幼儿对安全知识的记忆。

比如，利用“119在行动”“生活安全儿歌”等视频资源，有计划、有目的地组织幼儿观看、讨论，让幼儿知道不注意安全将会带来的危险后果，使幼儿感知安全的重要性。又如，根据不同年龄阶段幼儿的特点提供不同的操作机会，让幼儿在观察与模仿中自然地掌握安全常识和简单的自救、自护方法，提高安全意识。

3. 幼儿安全教育方法游戏化

将安全知识教育转化为安全行为才是教育的根本，才是有现实意义的。游戏是幼儿最喜欢的活动，为了让幼儿愉快地接受一些安全知识，掌握一些安全技能，教师要充分发挥游戏的教育作用，设计、编排一些主题游戏活动，让幼儿在玩中学、学中玩，从而不断增强幼儿的安全意识，巩固幼儿的安全知识。

比如，小班幼儿安全教育活动“遇到坏人时怎么办”，教师以游戏“狼和小羊”为切入点，让幼儿练习求救、自救的方法；通过游戏“着火了”，让幼儿练习火灾时逃生的方法——幼儿们一个个像模像样地捂着口鼻，紧张地跑出教室，并在限定的时间内成功到达集合点，他们非常高兴。

4. 加强环境与幼儿之间的互动

为了使幼儿积极地参与安全主题活动，首先，教师可以请幼儿及其父母一起收集各种安全标识图，并让幼儿亲自动手制作这些安全标识，如进行涂色、设计。其次，教师可以和幼儿一起用收集到的、制作的安全标识布置教室，将它们贴到相应的地方，提醒大家注意和小心。比如，在门边贴“当心夹手”的标识，在栏杆、窗户旁贴“禁止攀爬”的标识，在电源插头处贴“禁止触摸”或“当心有电”的标识等。通过加强环境与幼儿之间的互动，能有效提高幼儿学习安全知识、技能的效率。

5. 家园、社区合作教育

幼儿的安全教育如果仅仅靠幼儿园、家庭或社区一方是远远不够的，而是需要这三方的协同育人，这样幼儿的安全教育方能更有效。家庭可以为幼儿园教育提供全面、准确的幼儿发展状况和存在问题的相关信息，帮助幼儿园制定合理、有针对性的幼儿安全教育课程；同时，幼儿园、社区可以为家庭指点迷津，提升家庭安全教育的科学性、方向性，避免家庭和幼儿园对幼儿安全教育的分歧而导致幼儿安全知识与技能的缺失。

五、思想政治素养养成

资源链接：《中小学幼儿园安全管理办法》

《中小学幼儿园安全管理办法》（节选）

第五章　安全教育

第三十八条　学校应当按照国家课程标准和地方课程设置要求，将安全教育纳入教学内容，对学生开展安全教育，培养学生的安全意识，提高学生的自我防护能力。

第三十九条　学校应当在开学初、放假前，有针对性地对学生集中开展安全教育。新生入校后，学校应当帮助学生及时了解相关的学校安全制度和安全规定。

第四十条　学校应当针对不同课程实验课的特点与要求，对学生进行实验用品的防毒、防爆、防辐射、防污染等的安全防护教育。学校应当对学生进行用水、用电的安全教育，对寄宿学生进行防火、防盗和人身防护等方面的安全教育。

第四十一条　学校应当对学生开展安全防范教育，使学生掌握基本的自我保护技能，应对不法侵害。

学校应当对学生开展交通安全教育，使学生掌握基本的交通规则和行为规范。

学校应当对学生开展消防安全教育，有条件的可以组织学生到当地消防站参观和体验，使学生掌握基本的消防安全知识，提高防火意识和逃生自救的能力。

学校应当根据当地实际情况，有针对性地对学生开展到江河湖海、水库等地方戏水、游泳的安全卫生教育。

第四十二条　学校可根据当地实际情况，组织师生开展多种形式的事故预防演练。

学校应当每学期至少开展一次针对洪水、地震、火灾等灾害事故的紧急疏散演练，使师生掌握避险、逃生、自救的方法。

第四十三条　教育行政部门按照有关规定，与人民法院、人民检察院和公安、司法行政等部门以及高等学校协商，选聘优秀的法律工作者担任学校的兼职法制副校长或者法制辅导员。

兼职法制副校长或者法制辅导员应当协助学校检查落实安全制度和安全事故处理、定期对师生进行法制教育等，其工作成果纳入派出单位的工作考核内容。

第四十四条 教育行政部门应当组织负责安全管理的主管人员、学校校长、幼儿园园长和学校负责安全保卫工作的人员，定期接受有关安全管理培训。

第四十五条 学校应当制订教职工安全教育培训计划，通过多种途径和方法，使教职工熟悉安全规章制度、掌握安全救护常识，学会指导学生预防事故、自救、逃生、紧急避险的方法和手段。

第四十六条 学生监护人应当与学校互相配合，在日常生活中加强对被监护人的各项安全教育。

学校鼓励和提倡监护人自愿为学生购买意外伤害保险。

阅读以上管理办法，思考：校园安全的隐患有哪些？幼儿园的安全管理和中小学的安全管理一样吗，为什么？

六、任务实施

任务工作单 1

班级：__________ 姓名：__________ 学号：__________

引导问题：

安全维系着幼儿的生命和健康，是我们教育工作中的重中之重。请以“交通安全记我心”为主题，分别为大、中、小班三个年龄阶段的幼儿制定“交通安全记我心”主题活动的目标。

1. 小班

2. 中班

3. 大班

任务工作单 2

班级：__________　　姓名：__________　　学号：__________

引导问题：

结合任务工作单1中制定的“交通安全记我心”主题活动的目标，请以“交通安全”为题，设计一个幼儿安全教育活动。

活动名称	
年龄阶段	
知识链接［对应《3～6岁儿童学习与发展指南》《幼儿园教育指导纲要（试行）》等］	
活动目标	
活动重难点	
活动准备	
活动过程	

活动过程	
活动延伸	

任务工作单 3

班级：__________　　　姓名：__________　　　学号：__________

资源链接：幼儿园防拥挤踩踏演习方案

引导问题：

扫描右侧二维码，查看某幼儿园防拥挤踩踏演习方案，参考该方案格式，设计一份幼儿园防地震演习方案，名称自拟。

__________演习方案

七、学习评价

班级		姓名		学号		日期	
评价指标	评价内容					分值	得分
信息检索能力	是否能有效利用网络、图书等资源查找相关信息，是否能将查到的信息有效地运用到学习中					5分	
学习态度	是否积极主动与教师、同学交流，相互尊重、理解，与教师、同学之间是否能保持多向、丰富、适宜的信息交流					5分	
学习方法	是否能运用信息平台学习，完成线上学习任务					15分	
学习成效	是否知道安全教育的内容					10分	
	是否掌握了幼儿安全教育的相关知识					10分	
	是否能根据幼儿身心发展特点制定幼儿安全教育活动的目标					20分	
安全教育	是否认同幼儿安全教育对学前儿童具有十分重要的意义，重视幼儿安全					10分	
课后作业	是否能按时完成课后作业，保质保量填写任务工作单					20分	
自评反馈	是否按时按质完成任务；是否较好地掌握了知识点；是否具有较强的信息分析能力和理解能力；是否具有较为全面、严谨的思维能力，并能条理清楚地表达成文					5分	
评价成绩							
评价人：				评价时间：			

任务2　开展安全教育活动

一、任务描述

根据2021年2月发布的《中国走失人口白皮书（2020）》，在2020年期间，我国走失人次达到了100万。其中，未成年人占7.4%，也就是说，2020年儿童走失人口近74000人。

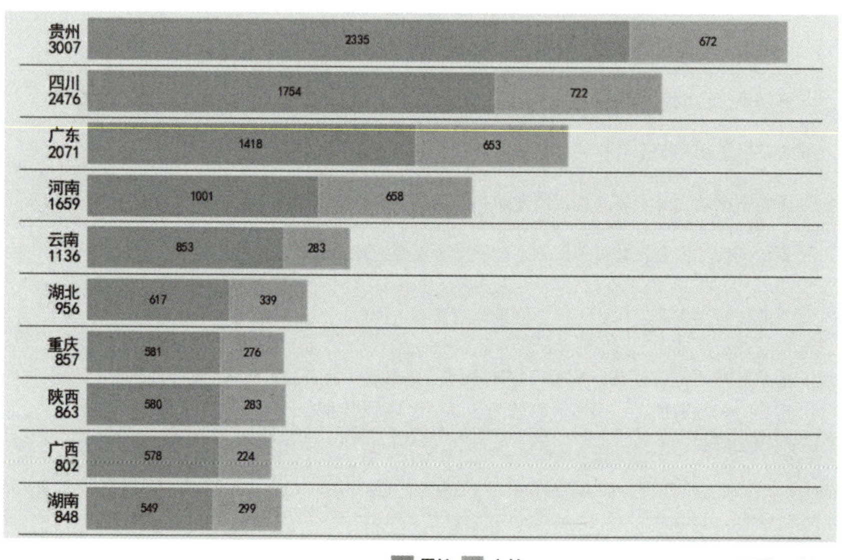

图3-1　2020年失踪儿童部分省份分性别统计概况
（资料来源：公益网站“宝贝回家”）

结合上述资料，请思考：幼儿园应该如何提高幼儿的安全防范意识和自护能力，以减少幼儿走失事件的发生？

二、学习目标

（一）知识目标

（1）掌握幼儿安全意识和安全行为的内容。

（2）熟悉各年龄阶段幼儿在不同活动中安全意识和安全行为的要求

（二）能力目标

（1）能根据设计方案开展幼儿安全教育活动。

（2）能根据幼儿实际需要及时调整幼儿安全教育策略。

（三）素养素质目标

（1）在小组活动中积极参与完成方案的设计，乐于沟通，有合作精神。

（2）主动承担模拟实操中的分工任务，有自主发展意识。

三、学习重难点

（1）重点：选择各年龄阶段幼儿安全意识和安全行为的活动内容。

（2）难点：根据幼儿身心发展特点培养幼儿对潜在危险的判断能力。

四、相关知识链接

（一）幼儿安全教育活动的组织

1. 集体教育活动

集体教育活动是目前幼儿园安全教育的主要形式。集体教育活动由全班幼儿共同参与，教师可以在短时间内向他们提供大量的共同经验。集体教育活动的内容具有逻辑性、条理性，幼儿能在活动中相互启发、发展自律性，从而提高安全教育的效果。

2. 游戏活动

在实施幼儿安全教育的过程中，通过游戏化的教学能让幼儿在自主观察、游戏探索中主动获得安全的基本知识和技能。同时，教师应在各项游戏活动开始前和幼儿一起分析容易出现的危险情况，并共同讨论应该怎样玩才不会出现危险，制定出相应的安全游戏规则并提醒幼儿自觉遵守。幼儿园安全教育常用的游戏活动有以下几种。

（1）角色游戏。当在角色游戏中融入幼儿安全教育时，不会让幼儿感受到任何压力，从而达到潜移默化获取知识的效果。对于平时顽皮的幼儿，通过角色游戏能使其主动、积极地学习安全知识，比被动地接受知识效果更好。

示例：

角色游戏：娃娃家

玲玲和欢欢在玩娃娃家的游戏，“妈妈”玲玲每次出门时，都会叮嘱“女儿”欢欢陌生人来了不要开门。“女儿”欢欢上幼儿园时，“妈妈”玲玲也会叮嘱她，回家时要等“爸爸”来接，决不能跟陌生人走，不要吃陌生人给的糖果，不要喝陌生人给的饮料。

（2）体育游戏。体育游戏不仅能让幼儿感到快乐、体验成功，而且能让幼儿增强自信。比如，在“我有办法”的体育游戏中，教师精心设计了一些“险情”，让幼儿自己想办法逃生。通过游戏，幼儿从中模仿、学习正确的姿势和安全逃生的办法，从而增强了自我保护意识。

（3）表演游戏。表演游戏的情节将直接指导幼儿的学习生活，幼儿可以通过表演游戏学习安全知识。比如，小班幼儿通过表演《迷路的小花鸭》，增强了自我保护意识；

又如，大班幼儿通过表演《马路上的比赛》，丰富了交通安全方面的知识。教师可通过准备材料和提供环境支持幼儿进行表演游戏，从而调动幼儿参与活动的积极性，鼓励他们进行探索。幼儿可以根据情节大胆表现，在表演中体验自护、自救的方法。在以后的实际生活中，幼儿可以学以致用，这样可使幼儿安全教育达到事半功倍的效果。

（4）结构游戏。教师可以在结构游戏中设置一些交通安全情境，这是幼儿直观地获得交通安全知识的有效办法。比如，中班开展的结构游戏“红绿灯”“开汽车”“交通警察等，教师可在幼儿搭建“马路、汽车道、人行道、人行横道线、红绿灯标志”的过程中，根据实际情况顺势地对其进行安全教育。

3. 日常生活活动

安全教育作为幼儿园长期的教育内容，仅仅依靠专项活动是不够的，它还需要与日常生活有机结合和渗透。例如，教导幼儿每天喝水时，要先试一试水是否太烫；开门、关门时，要先看看手是否放在了门框上；吃饭时，不嬉笑打闹、不玩筷子；上下楼梯时，要扶着栏杆有序地走。通过在日常生活中渗透安全知识，不仅可以预防一些意外伤害与不幸的发生，而且可以提高幼儿的安全意识，为幼儿安全行为能力的发展奠定基础。

（二）幼儿安全教育的实施途径与方法

1. 强化安全意识，执行安全制度，创设安全环境

引发幼儿意外伤害事故的最直接原因之一是环境的不安全因素。幼儿园是学前阶段幼儿生活学习的主要场所，幼儿园应提供安全的设施设备，强化安全意识，建立和执行安全制度，保障幼儿活动安全。

2. 注重环境育人

《幼儿园教育指导纲要（试行）》中指出：“环境是重要的教育资源，应通过环境的创设和利用，有效地促进幼儿的发展。”安全教育注重生活化、直观化、常态化的体验式环境教育，要思考以幼儿能理解、乐接受、愿实践的方式，提高安全教育效果。具体可从两个方面进行：一方面，将安全教育与幼儿日常生活环境相结合；另一方面，将教育内容渗透到主题活动环境中。

3. 开展形式多样、丰富多彩的幼儿安全教育活动

幼儿安全教育活动不仅可以通过专门的教育活动实施，也可以在其他途径中实现。一是将安全教育渗透到幼儿的一日生活各环节中，精心设计、安排系列安全活动，让幼儿能亲身体验、实际操作。如开展“安全玩滑梯”“防拐演习”等活动，培养幼儿安全自护意识和能力。二是通过组织生动有趣的游戏活动，让幼儿在轻松愉悦的氛围中掌握自救的技能。如在区域活动中，创设包含红绿灯、斑马线、交通标志等的交通环境，让幼儿在游戏中掌握基本的交通规则，提高自护能力。三是将安全教育渗透到日常生活中，如晨间环节、户外游戏环节、生活环节、区域活动中等。四是让安全教育走进各类节日活动中，幼儿园常常开展丰富多彩的节日活动，可以利用节日活动契机，调动幼儿活动兴趣，通过创编、表演安全童话剧，编创演奏六一安全歌曲等进行安全教育。

五、思想政治素养养成

防灾减灾：地震自救篇

地震灾害是指由地震引起的强烈地面震动及伴生的地面裂缝和变形，使各类建（构）筑物倒塌和损坏，设备和设施损坏，交通、通信中断和其他生命线工程设施等被破坏，以及由此引起的火灾、爆炸、瘟疫、有毒物质泄漏、放射性污染、场地破坏等造成人畜伤亡和财产损失的次生灾害。

地震按震级大小可分为七类：超微震（震级小于1级）、弱震（震级小于3级）、有感地震（震级大于等于3级、小于4.5级）、中强震（震级大于4.5级、小于6级）、强震（震级大于6级、小于7级）、大地震（震级大于等于7级）、特大地震（震级大于等于8级）。

余震是在主震之后接连发生的小地震。余震一般在地球内部发生主震的同一地方发生。通常的情况是一次主震发生以后，紧跟着有一系列余震，其强度一般都比主震小。余震的持续时间可达数月，甚至上百年。

应急避震的基本原则为震时就地避险，震后迅速撤离。地震中最危险的时刻，是在晃动最强烈的时候，试图强行逃出房屋或返回房屋抢救同伴及某些物品都会加大被坠落物体砸伤的概率。因此，避震正确姿势是伏地、遮挡、手抓牢。

地震其实是有规律的，一次震动袭来，先是纵波上下动，后是横波左右晃，短的一二十秒，长的持续一两分钟，之后便会有短暂的平静期。间隔时间越长，说明震源离你越远。当房子晃动的时候，你可以躲在安全的地方，等待不晃的时候再往下一个地点转移，在下一波震动来袭之前，躲在新的可藏身的安全之处。

地震逃生要点：大地震时不要急，远离危险区域莫慌张，先找安全藏身处，被困时要保存体力。发生地震时，一旦震动停止，要迅速撤离安全地点，警惕余震来袭，听从救援人员的指挥疏散。地震后还会存在很多安全隐患，一定要听从安排，避免受到二次伤害。

地震发生后，灾区环境发生巨大改变，饮水、食品供应短缺与污染，生活垃圾、人畜尸体不能得到及时无害化处理都极易引起各种传染病。因此，受灾地区做好卫生防疫以及疾病的预防和控制工作十分重要。

（1）防震棚要搭在安全的地方。把防震棚搭在空旷、干燥、地势较高的地方；不能搭在高压线下、危楼旁边，也不能妨碍交通安全。

（2）住防震棚要注意安全。安全用火，教育孩子不要玩火；在地上睡觉要防潮；冬天要预防煤气中毒。

（3）避免在危险区域逗留。不要随便回到危房去，因为余震随时可能发生；尽量远离废墟，因为环境恶劣，爆炸、毒气泄漏、水灾、火灾随时可能发生。

（4）注意个人和环境卫生。不要随便喝生水，水可能已被污染；不吃不洁或腐烂变质的食物；不要随地便溺；按要求接种预防针。

（5）地震逃生要点。把握黄金二十秒，勿慌乱、先躲避、后撤离，找空间、保护头、忌电梯；一旦被困，要做到存体力、传信号、等救援。

（资源来源：根据应急管理部公众号整理）

阅读以上材料，请思考：在幼儿园如何开展地震演习活动？

六、任务实施

任务工作单 1

班级：__________　　　　姓名：__________　　　　学号：__________

引导问题：

请利用实习期间采访至少1名幼儿园教师、1名幼儿，根据以下表格内容了解采访对象对安全的认知并记录下来。

幼儿园教师采访记录
1. 采访对象基本情况（性别、年龄、职位等）
2. 采访对象对安全的认识
3. 采访对象对所在班级安全行为、安全意识的自评

幼儿采访记录

1. 采访对象基本情况（性别、年龄等）

2. 采访对象对安全的认识

3. 采访对象安全意识、安全行为和对危险的认识

任务工作单 2

班级：__________ 姓名：__________ 学号：__________

引导问题：

根据以下表格中的关键词，梳理出各年龄阶段幼儿安全意识和安全行为的特点。

关键词	小班	中班	大班
生活			
防拐骗			
自然灾害			
消防			
用电			
交通			
户外			

任务工作单 3

班级：__________　　　　姓名：__________　　　　学号：__________

根据前期设计的幼儿安全教育活动方案，小组内进行模拟教学，结合试教情况，修改完善方案设计。

原活动目标	修改后活动目标
原活动准备	修改后活动准备
原活动过程	修改后活动过程
试教评价：	

七、评价反馈

班级		姓名		学号		日期	
评价指标	评价内容					分值	得分
信息检索能力	是否能有效利用网络、图书等资源查找相关信息，是否能将查到的信息有效地运用到学习中					5分	
学习态度	是否积极主动与教师、同学交流，相互尊重、理解，与教师、同学之间是否能保持多向、丰富、适宜的信息交流					5分	
学习方法	是否能运用信息平台学习，完成线上学习任务					15分	
学习成效	是否了解安全意识和安全行为的培养途径					10分	
	是否知道基本的安全防范知识					10分	
	是否掌握各年龄阶段幼儿安全意识和安全行为的特点					20分	
安全教育	是否认同安全意识和安全行为对学前儿童具有十分重要的意义，重视儿童安全					10分	
课后作业	是否能按时完成课后作业，保质保量填写任务工作单					20分	
自评反馈	是否按时按质完成任务；是否较好地掌握了知识点；是否具有较强的信息分析能力和理解能力；是否具有较为全面、严谨的思维能力，并能条理清楚地表达成文					5分	
评价成绩							
评价人：				评价时间：			

模块四

幼儿心理健康教育

“幼儿心理健康教育”模块分为幼儿心理健康教育认知和心理健康教育活动设计与实施两大学习项目，具体围绕幼儿心理健康教育的内容、幼儿性健康教育的内容、幼儿情绪调节教育活动的设计与实施、幼儿性健康教育活动的设计与实施几个方面展开。通过“幼儿心理健康教育”模块的学习，使学生重视幼儿的心理健康发展，正确引导和开展幼儿性健康教育，提高在各项幼儿健康教育活动组织中有机渗透幼儿心理健康教育的意识。

- 幼儿心理健康教育
  - 幼儿心理健康教育认知
    - 幼儿心理健康教育的内容
    - 幼儿性健康教育的内容
  - 心理健康教育活动设计与实施
    - 幼儿情绪调节教育活动的设计与实施
    - 幼儿性健康教育活动的设计与实施

项目一　幼儿心理健康教育认知

任务1　幼儿心理健康教育的内容

一、任务描述

幼儿园中一班的教室里，王老师正在组织“水的沉浮”的科学探究活动。幼儿们兴趣浓厚、自信满满，都在热火朝天地和同伴做小实验。小实验做完后，王老师问道：“刚才做实验时，哪些东西沉到水底了？”只见很多幼儿高高地举起了小手、跃跃欲试，乐乐也急不可耐地举起了手，他们都想告诉王老师自己的实验结果。王老师表扬了幼儿们都很厉害，正准备请丹丹回答，这时，另一旁的乐乐突然大声尖叫起来，大家赶紧捂起了耳朵，教室里顿时鸦雀无声……

你知道乐乐为什么会大声尖叫吗？

二、学习目标

（一）知识目标

（1）熟悉幼儿常见心理障碍的表现及类型。

（2）了解幼儿心理行为发育问题预警征象。

（3）掌握幼儿健康教育活动的基本流程与方案框架。

（二）能力目标

（1）能敏锐发现幼儿心理健康问题，并根据幼儿行为问题初步判断幼儿心理异常情况。

（2）能在幼儿一日生活中创设良好的心理环境与班级氛围。

（3）能开展家园合作，给家长提供合理的幼儿健康教育建议。

（4）能设计与实施幼儿心理健康教育活动。

（三）素养素质目标

（1）重视幼儿心理健康，正视幼儿心理发育问题。

（2）积极主动与家长沟通幼儿行为问题。
（3）善于营造轻松愉悦的心理环境，接纳有特殊需要的幼儿。
（4）主动学习幼儿心理健康前沿知识，积极提升自我专业能力。

三、学习重难点

（1）重点：幼儿常见心理健康问题的表现。
（2）难点：良好心理环境的创设。

四、相关知识链接

（一）幼儿心理障碍和行为异常的预防

预防幼儿发生心理障碍和行为异常的基本策略是“三级预防”。一级预防，防止心理障碍和行为异常的发生；二级预防，早期发现与及时治疗心理障碍和行为异常，防止疾病进一步发展；三级预防，为了疾病的康复，减少复发和残疾程度，尽量恢复病儿的生活自理能力。一级预防是最重要、最基本的防病保健康的预防措施。

（二）《儿童心理保健技术规范》

《儿童心理保健技术规范》是按照儿童心理发展的规律和不同年龄阶段的心理行为特征制定的。定期对儿童进行心理行为发育评估，以便及时掌握不同年龄阶段儿童的心理行为发育水平极为重要。营造良好环境，科学促进儿童健康发展，包括早期发现、及时干预、消除影响儿童心理行为发育的生物、心理和社会不利因素，早期识别儿童心理发育的问题，可以有针对性地开展随访、干预和健康管理。

资源链接：《儿童心理保健技术规范》

微课：幼儿常见心理障碍及矫正

（三）幼儿一般心理行为发育问题

（1）不适当的吸吮行为。不适当的吸吮行为包括过度吸吮手指、吸吮唇等，这些行为可能是幼儿寻求安慰和自我安抚的方式，但也可能是焦虑、紧张或缺乏安全感的表现。这种行为如果持续存在，就可能会影响幼儿的口腔发育和社交技能。

（2）咬指（趾）甲。咬指（趾）甲是一种常见的心理行为问题，通常与焦虑、压力或无聊有关。咬指（趾）甲可能导致皮肤受损和感染，因此需要引导幼儿寻找其他应对压力的方式。

（3）饮食行为问题。饮食行为问题包括挑食、暴饮暴食、拒绝进食等。这些问题可能与幼儿的味觉偏好、家庭饮食习惯、情绪状态等有关。长期的饮食行为问题可能导致营养不良和身体健康问题。

（4）睡眠问题。睡眠问题包括入睡困难、夜惊、梦游等。睡眠问题可能与幼儿的作息不规律、情绪压力、环境因素等有关。长期的睡眠问题可能影响幼儿的生长发育和注意力等方面。

（5）遗尿。幼儿遗尿既可能是生理因素导致的，也可能是心理因素引起的。例如，幼儿可能因为紧张、焦虑或缺乏安全感而在夜间遗尿。

（6）过度依赖。幼儿可能对某个人或物体产生过度依赖，表现出分离焦虑、不愿尝试新事物等行为。过度依赖行为可能与幼儿的安全感建立和自我认知发展有关。

（7）退缩行为。退缩行为表现为幼儿在面对陌生人或新环境时感到害怕、回避或退缩。退缩行为可能与幼儿的自信心和社交技能发展有关。

（8）屏气发作。屏气发作是一种在婴幼儿时期较为常见的心理行为问题，主要表现为在情绪激动或受到挫折时出现呼吸暂停、口唇发绀等症状。屏气发作可能与幼儿的情绪调节和应对方式有关。

（9）暴怒发作。暴怒发作表现为幼儿在短时间内突然爆发强烈的愤怒情绪，常常伴有攻击性行为或自伤行为。暴怒发作可能与幼儿的情绪管理和自我控制能力有关。

（10）习惯性摩擦综合征。习惯性摩擦综合征表现为幼儿通过摩擦自己的身体部位（如生殖器）获得快感或安慰。习惯性摩擦综合征可能与幼儿的性心理发展和自我安抚方式有关。

需要注意的是，以上问题可能与幼儿的心理、情绪和环境因素有关，因此需要综合考虑并采取相应的干预措施。家长和教师可以通过建立规律的作息、提供安全舒适的环境、引导幼儿寻找适当的情绪表达方式等来帮助幼儿克服这些问题。同时，如果问题持续存在或较为严重，建议及时寻求专业人士的帮助进行评估和干预。

（四）幼儿常见心理行为发育障碍

1. 自闭症

自闭症又称“孤独症”，是儿童自我意识发展障碍的精神症候，是一种严重的发展障碍。自闭症通常在幼儿两岁半以前就可以被发现，从小便表现出语言理解和表达的困难，难以与身旁的人建立情感，对各种感官刺激反应异常，总是一成不变的固定玩法与行为（重复刻板行为）。

（1）自闭症的病因。自闭症的发生的真实原因目前尚不清楚。患自闭症的原因可能有保育不当、遗传因素、怀孕期间病毒感染、新陈代谢疾病、脑损伤。

（2）自闭症的表现。自闭症的表现有社会性互动障碍、语言交流障碍、重复刻板的行为模式。

（3）自闭症的干预。自闭症的干预方法有药物治疗（常用药物为舒必利、匹莫林）、行为教育方法、家庭治疗、游戏疗法、音乐疗法、感觉统合训练等。[①]

2. 多动症

多动症全称为“儿童期多动综合征”，又名“注意缺陷与多动障碍或轻微功能失调”。多动症指幼儿表现出与其实际年龄和心理生理发育阶段明显不相称的、以活动过多为主要特征，以注意障碍为最突出表现的幼儿障碍。[②]

（1）多动症的病因。多动症的病因有遗传因素、中枢神经递质代谢缺陷导致自制力不足、额叶功能失调、脑损伤、过多食用含水杨酸和高糖的食物，家庭和社会的不良环境与不当的教养方式也有可能导致幼儿多动症的发生。

（2）多动症的干预。多动症的干预方法有感觉统合训练、教育引导、合理饮食、药物治疗（中枢兴奋剂是治疗多动症首选药物，但要注意6岁以下应少用或不用中枢兴奋剂）。

3. 自卑心理

（1）自卑心理的表现。自卑心理的表现有自我评价较低、人际交往紧张、不愿尝试新事物、对父母的依赖性强。

（2）产生自卑心理的原因。产生自卑心理的原因有：①生理状况，一般身体有残疾或有明显缺陷的幼儿容易自卑；②能力发展水平，当幼儿认为自己在某些方面不如别人而缺乏家长或教师的正确评价引导时，极易产生自卑感；③气质和性格特点，若幼儿形成了过分依赖、退缩、脆弱等消极性格，则容易引发自卑感；④不良的家庭环境，单亲家庭、溺爱和过分严厉的教养方式易导致幼儿产生自卑感；⑤教师教育，过分限制和压抑的教育会使幼儿过多地服从权威，缺乏自信。

（3）自卑心理的干预。自卑心理的干预方法有建立良好的教育环境，不仅包含良好的物质环境，还包含轻松愉悦的精神环境，良好的师生关系、亲子关系、同伴关系是幼儿克服自卑的重要保障；帮助幼儿形成健康的自我意识；家园合作共育。

4. 焦虑心理

焦虑是一种常见的情绪障碍，常见的为分离焦虑和恐惧焦虑。

分离焦虑指发生在幼儿6岁以前，当其与所依恋的人离别时产生的过度的、反复发作的苦恼和焦虑，常伴有躯体化症状。

恐惧焦虑是一种焦虑障碍，是幼儿对某些事物、情境或观念表现出不适当的、异常强烈的恐惧情绪。恐惧焦虑的原因有对特定对象缺乏了解、不恰当的联系和想象、成人的恐吓、挫折体验、父母的错误言行、幼儿自身性格缺陷。

焦虑心理的干预。焦虑心理的干预方法有提高幼儿的认知水平、在日常生活中培养幼儿积极健康的情绪、用事实消除恐惧、情感支持、转移注意力、改变不当的教养方式、系统脱敏法、游戏治疗。

---

① 刘万伦.学前儿童发展心理学[M].上海：复旦大学出版社，2014.

② 龙吟，孙诚.幼儿心理与行为透视[M].合肥：安徽人民出版社，2002：253.

5. 说谎

说谎是指幼儿有意或无意讲假话。幼儿由于认知能力、判断能力和思维能力未发育完善，分不清自我与环境及事物的真伪，常常会因为“无知”而说谎。稍大的儿童十分喜欢幻想，会混淆幻想与现实，为了满足自己幻想中的事物而说谎。

说谎的干预。对于经常说谎的幼儿如不加以干预，将来就很难适应社会。作为幼儿的监护人和教师，要从小培养幼儿诚实的良好品质，具体方法包括鼓励幼儿说真话、以身作则、正确使用强化与惩罚。

6. 攻击性行为

攻击性行为一般以躯体攻击为主、言语攻击为辅。学前儿童大部分攻击行为是针对自己的父母，有时也会攻击同伴和教师。

攻击性行为的原因。攻击性行为的主要外因为家庭不良的教育方式，专制型的父母和常常打骂孩子的父母，会给孩子造成“用暴力解决问题”的错误观念；溺爱型的教养方式会让孩子以自我为中心，不顾及别人，当自己的利益受到威胁时就会表现出攻击性行为。如果孩子最初表现出攻击性行为没有得到及时的干预和教育，就会加剧孩子的攻击性行为。攻击性行为的内因是幼儿自身的人格因素，如情绪冲动、自制力差等人格特征会导致幼儿更容易产生攻击性行为。

7. 破坏行为

破坏行为是一种以物为对象的侵犯性行为。破坏行为的原因一般有幼儿自身不良情绪的宣泄、对他人的报复、显示自己“能干”。

破坏行为的干预。针对幼儿的破坏行为，需要对症下药。对于为宣泄自身不良情绪而产生破坏行为的幼儿，成人要先关心、安慰他们，再严厉指出破坏行为是错的，让幼儿知道自己的做法不对；对于报复他人产生破坏行为的幼儿，成人要帮助幼儿学习社交技巧，提高幼儿的社会性发展，并让他们认识到破坏东西不能解决问题；对于为显示自己“能干”的幼儿，成人要让他们明白什么是真正的厉害、能干，只有做好事，才能赢得成人和同伴的尊重与欣赏。

五、思想政治素养养成

阅读以下真实案例材料，感受幼儿园教师对自闭症幼儿无私的爱。

守护“来自星星的孩子”

我，是一名有幼儿园教师资格证的保育教师——一干就是二十载的实幼“资深保育达人”。

她，叫洋洋，是一个“来自星星的孩子”——自闭症儿童。她是孤独的天使，犹如天上的星星，一人一世界，独自闪烁。不盲，却对周围视而不见；不聋，却对声响听而不闻；不哑，却不知该如何开口说话。

三年前我与她结下师生缘。春耕夏耘，秋收冬藏，因为有爱，洋洋的世界不再孤独。

爱是love，就从那个暮夏开始——

从夏天走来

爱就是要无条件、无偏见地倾听对方的需求，并且予以协助。

犹记得九月初，第一次在教室里看见洋洋的情景：不说话，不交流，不吃饭，玩具不是往嘴里塞，就是到处乱扔。稍不留神儿，她就离开我的视线，独自跑到角落里玩。洋洋妈妈屡屡对我哭诉，家人时刻处在崩溃的边缘，洋洋带给家庭的是绵长的痛苦。望着洋洋妈妈祈求又无助的眼神，同样身为母亲的我动了恻隐之心：这样的孩子、这样的母亲、这样的家庭多么不幸，值得同情啊！于是，我下定决心——守护这个“来自星星的孩子”。

秋意上心头

爱需要展示你的尊重，表达体贴、真诚的鼓励。

日复一日，从夏入秋，大手拉小手，是我每天都会送给洋洋的礼物。早上，我伸出大手，从洋洋妈妈手中热情地抱过洋洋，拉起她的小手放在我的掌心；中午，洋洋又哭了，鼻涕粘得我满身都是，我伸出大手，拍拍她的肩膀、摸摸她的小脑袋，安抚她；晚上，我拉着洋洋的小手安心地送到滴滴妈妈手上。为了了解这一群体孩子的特质，我翻看书籍、上网了解，知道了自闭症儿童最害怕集体活动，因此在活动时，为了能让洋洋融入集体，我总是拉着她的手鼓励她放飞心灵；我从书中了解到自闭症孩子吃东西都很单一，为了能让洋洋多吃点，我总是变着花样想办法哄着她吃；我还了解到自闭症儿童最怕与人对视，就每天坚持与她一对一的交流，几十遍重复着一个字的发音……

短短三个月后，现在的洋洋已经不再满幼儿园乱跑了，在我的提示下能与人对视，会说简单的“老师好”“再见”等短句，吃的食物也丰富了，能和班级里其他幼儿和睦相处……没想到，我小小的举措带给洋洋巨大的改变。洋洋妈妈看到孩子一天天的变化，拉着我的手说，把孩子放在实幼，很放心。

冬日里暖阳

爱就是仁慈地对待，宽容对方的缺点与错误。

入冬了，洋洋身上的惊喜少了，“顽疾”多了，似乎让我的保育工作进入了一个“瓶颈期”，也令我疲惫不堪，甚至想到了放弃。总结她的表现就是“三不一要”：不睡觉、不说话、不小便，要喂饭。平时最多就用点头、摇头回应教师，尝试过各种方法与她沟通，每次均以失败告终。

就当我一筹莫展之时，我们幼儿园的园长雪中送炭，她主动向我介绍“自闭症儿童融合教育”这一研究领域、方向，将大量的学术资料、前沿理论、实践个案带给我，由于我的文化水平一般，“畏难”情绪也会作祟，园长用她的科学理性、睿智诚恳鼓励、支持着我，甚至手把手地帮助带领我走进了“倡导全纳的融合教育”这一崭新的天地。

通过系统化、概念化的学习，我初步了解到“融合教育”就是“接纳与众不同”。“融合”，就是凭着我二十年的保育经验，觉得班级里的普通孩子和洋洋这个“来自星星的孩子”应该“在一起”。面对洋洋，我的思路逐渐清晰起来，为什么不能给洋洋来个“私人订制”？是否可以“在集体环境里实施个别化教育”呢？寒冬飘雪的日子里，我首先尝试让班级里习惯优秀的五个幼儿与洋洋每天“一对一”结对，让自闭症儿童和普通儿童形成了长期、稳定的同伴关系，在同伴榜样的示范作用下，利于洋洋模仿同伴建立正确的社会行为，更好适应幼儿园的一日生活，能遵守课堂秩序，生活自理、自我控制、人际交往等能力都有了巨大进步。飘雪的日子还未过去，之前那个“三不一要”的洋洋已经变成了“午睡30分钟、说话三五句、小便好几次、吃饭拿勺子”的孩子。真的，面对“来自星星的孩子”，办法总比困难多，用对方法真的“事半功倍”呢！

春花般绚烂

爱需要自己不断地付出更多的爱，无私地去灌溉爱之苗。

一分耕耘，一分收获。春日来临，洋洋笑靥如花，似春天般充满了生机与活力。如今的洋洋会用稚嫩的话告诉家人说她们班有个“三（单）妈妈”，竖起三根小手指头，听得家人哈哈大笑；我在幼儿园做事时需要爬高上梯，洋洋会说“小心哦”；生病不舒服时，洋洋会依偎着摸摸我的额头；放学时，会紧紧拉着我的手不愿松开……看着这朵没有色彩的小花，逐渐地鲜艳、生动起来，我的心里别提有多高兴啦。

我与洋洋的故事已走过近三个春夏秋冬，但远远没有结束。世上最遥远的距离是心与心的界限，世上最伟大的力量是爱与爱的交接。我与洋洋还有很长的路要走，我只想说：多希望寂寥如星辰的你，也灿若星辰，在实幼的日子里，你的世界，我们守护！相信你未来的人生之路，也将越走越稳健！

（资源来源：淮安市实验小学幼儿园：《守护“来自星星的孩子”》，江苏省教育厅2021年4月30日 http://jyt.jiangsu.gov.cn/art/2021/4/30/art_82015_9776083.html）

六、任务实施

任务工作单 1

班级：__________ 姓名：__________ 学号：__________

引导问题：

自主查阅资料，梳理和总结幼儿常见心理问题，要求以思维导图形式呈现。

任务工作单 2

班级：__________　　姓名：__________　　学号：__________

引导问题：

请判断以下表现可能属于哪一类心理行为发育障碍。

1. 只喜欢玩一种玩具，不与同伴交流	
2. 蔬菜类只喜欢吃熟悉的西兰花和大白菜	
3. 与他人交流时，眼神不看对方	
4. 看到同伴搭建了漂亮的城堡，毫无理由地把它推倒	
5. 东西被别人抢了，握紧拳头打向对方	
6. 在国旗下讲话的前一天，情绪紧张、睡不着	

任务工作单 3

班级：__________　　姓名：__________　　学号：__________

结合设计幼儿健康教育活动的要求，判断以下说法的正误。（每题2分，共20分）

题　　目	正/误
1. 当幼儿情绪十分激动时，给他独处的隐私角，等幼儿安静了，情绪平稳了之后再出来，这属于情绪控制的转移法 。	
2. 焦虑与恐惧不属于幼儿的基本情绪。	
3. 和谐的人际关系是保障儿童心理健康的首要条件。	
4. 幼儿园是儿童成长的第一环境，环境的结构、人际关系、伦理观念、活动方式等将直接影响儿童的心理健康。	
5. 抑郁是一种个体感到无力应对外界压力而产生的消极情绪。	
6. 对学前儿童的心理健康教育重在治疗。	
7. 学前儿童情绪情感的特点是易控制。	
8. 易冲动不是学前儿童情绪情感的特点。	
9. 生理成熟为儿童心理健康发展提供了物质基础。	
10. 世界上第一套智力测验量表是比纳—西蒙量表。	

任务工作单 4

班级：__________ 姓名：__________ 学号：__________

案例材料

案例 1：小明是幼儿园中班的一名幼儿，在幼儿园里常常因为和同伴争执玩具而受到挫折，表现出情绪失控、哭闹不止，甚至打人和摔东西的行为。

案例 2：红红是幼儿园小班的一名幼儿，因为父母离异，常常感到孤独和焦虑，经常表现出情绪低落，不想玩耍，不愿与别人交流。

案例 3：娜娜是幼儿园大班的一名幼儿，因为搬家和转学刚来到新的班级，面临环境和人际关系的变化，常常感到不适应和不安，情绪不稳定，经常表现出哭闹和抗拒的情况。

案例 4：莉莉是幼儿园中班的一名幼儿，有一次从班级洗手间出来看到老师在给其他幼儿分发玩具，而自己没有，就哭闹不止，老师怎么安慰都无济于事。

阅读上述案例材料，这些案例分别体现了幼儿情绪的哪些特点？

案例材料	幼儿情绪特点
案例1	
案例2	
案例3	
案例4	

七、评价反馈

班级		姓名		学号		日期	
评价指标	评价内容					分值	得分
信息检索能力	是否能有效利用网络、图书等资源查找相关信息，是否能将查到的信息有效地运用到学习中					5分	
学习态度	是否积极主动与教师、同学交流，相互尊重、理解，与教师、同学之间是否能保持多向、丰富、适宜的信息交流					5分	
学习方法	是否能运用信息平台学习，完成线上学习任务					15分	
学习成效	是否知道心理健康的概念、幼儿心理健康教育的内涵					10分	
	是否掌握幼儿心理健康教育的相关知识					10分	
	是否能分析影响幼儿心理健康的因素					20分	
健康观	是否认同健康教育对学前幼儿具有十分重要的意义，重视幼儿身心健康					10分	
课后作业	是否能按时完成课后作业，保质保量填写任务工作单					20分	
自评反馈	是否按时按质完成任务；是否较好地掌握了知识点；是否具有较强的信息分析能力和理解能力；是否具有较为全面、严谨的思维能力，并能条理清楚地表达成文					5分	
评价成绩							
评价人：				评价时间：			

任务2　幼儿性健康教育

一、任务描述

2013年以来，全国各地曝出多起14岁以下女童遭遇性侵的案例。2013年6月1日，全国百名女记者联合京华时报社、凤凰网公益频道、人民网、中国青年报及中青公益频道等媒体单位发起"女童保护"公益项目。2015年7月6日，"女童保护"升级为专项基金，设立在中国少年儿童文化艺术基金会下。2018年2月，"女童保护"团队宣布成立北京众一公益基金会（非公募），公开募捐继续与中国少年儿童文化艺术基金会合作。

"女童保护"公益项目以"普及、提高儿童防范意识"为宗旨，致力于保护儿童，远离性侵害。

截至2023年6月底，"女童保护"已在全国31个省份相继开课，培训志愿者数万人。通过与地方妇联、教育局、团委、检察院等部门和组织的合作，培训当地教师授课，使得儿童防性侵教育覆盖面大大拓宽，覆盖儿童超过839万人，覆盖家长超过77万人；此外，还定期进行线上培训和讲座，目前各平台上已有数千万网友参与。

3～6岁是幼儿性发展的关键期，也是性教育卓有成效的时期。[①] 美国"性信息和性道德"理事会主席 玛丽·考尔德博士认为，性教育的重要而有效时期是5岁之前。可见，幼儿期接受系统、科学、有效的性健康教育，有助于儿童顺利度过性意识的萌芽阶段，更好地应对即将面临的身体、社交和情感等方面的挑战，从而真正享有健康、安全和充实的生活。

请思考：婴幼儿在哪个年龄阶段适合开展性教育，又有哪些形式和途径呢?

二、学习目标

（一）知识目标

（1）了解幼儿性健康教育的主要内容。

（2）知道幼儿性健康教育的组织形式及途径。

（二）能力目标

（1）能根据3～6岁幼儿身心发展规律，尝试设计适宜的幼儿性健康教育活动。

（2）能根据3～6岁幼儿身心发展规律，组织适宜的幼儿性健康教育活动。

① 徐莹.境外绘本性教育对我国幼儿性教育的启示[J].现代教育科学，2013（6）：51-53.

（三）素养素质目标

（1）理解幼儿性教育的重要性并乐意实施幼儿性健康教育活动。

（2）提升开展幼儿性健康教育活动的有效性，具备协作精神。

三、学习重难点

（1）重点：能根据3～6岁幼儿身心发展规律，制定幼儿性健康教育活动的方案。

（2）难点：能根据幼儿不同年龄阶段设计适宜的性健康教育活动；能根据3～6岁幼儿身心发展规律，组织适宜的幼儿性健康教育活动。

四、相关知识链接①

在性健康教育内容上，《国际性教育技术指导纲要》提出了关系，价值观、权利、文化与性，理解社会性别，暴力和安全保障，健康与福祉技能，人体与发育，性与性行为，性与生殖健康等八个核心概念的性教育内容框架。其中，每个核心概念又被进一步拆分为2～5个主题，并且每个主题都包含了四个年龄阶段（5～8岁、9～12岁、12～15岁、15～18岁及以上）的要点及关于知识、态度、技能的学习目标。WHO出台的《欧洲性教育标准》更是向下延伸到了0～4岁和4～6岁两个年龄阶段，包含了身体发育、生殖健康、性权利等内容。2012年美国颁布的《国家性教育标准K-12核心内容与技能》涵盖了人体和生理结构，青春期和青少年的发育，自我认知，怀孕和生殖，性传播疾病和艾滋病，健康的人际关系，个人安全等七大主题，其中，每个主题的内容都符合不断深化的八条健康教育标准（核心概念、分析影响、访问信息、人际沟通、决策制定、目标设置、自我管理、辩护），并且每个主题都涵盖四个年龄阶段（幼儿园到二年级、三年级到五年级、六年级到八年级、九年级到十二年级）。在具体呈现方式上，《国际性教育技术指导纲要》《欧洲性教育标准》均从知识、态度和技能三个方面建构性教育框架，三个领域的结合对开展有效的全面性教育至关重要。此外，《欧洲性教育标准》在各主题里还设置了基础内容和补充内容，并充分考虑了个体的差异。比如，年龄阶段的重叠；后一个年龄阶段除了新增学习内容之外，还有前一个年龄阶段应掌握内容的巩固。《国家性教育标准K-12核心内容与技能》则在每个主题下提出了横向和纵向的要求，横向是八条健康教育标准不断深化的要求，纵向是针对某个主题的不同步骤、层面、阶段的要求。

我国幼儿园性健康教育课程内容应涵盖身体与发育、卫生与健康、性别与文化、权利与保障、关系与幸福五大主题（详见表4-1），且每个主题分别从知识、技能、价值观三个层面对不同年龄阶段幼儿应达到的学习目标进行阐述，以“身体与发育”主题为例，

---

① 海鹰，李信.幼儿园性健康教育课程的现实思考：背景、框架与实施路径[J].课程与教学，2022（1）：44-45.

详见表4-2。

表4-1 幼儿园性健康教育课程内容框架

主题	单元		
身体与发育	认识身体	身体的感觉	生命孕育
卫生与健康	清洁卫生	常见病预防	—
性别与文化	性别角色	性别平等	—
权利与保障	遵规守范	自我保护	网络与媒体
关系与幸福	悦纳自我	亲密关系	婚姻与家庭

表4-2 "身体与发育"主题学习目标

单元	年龄阶段	知识	技能	价值观
认识身体	3～4岁	◆身体各部位及其作用 ◆不同性别的人的身体构造	◆说出身体各部位的名称 ◆识别身体差异 ◆卫生练习（清洗身体的每个部位）	◆保持积极的自我形象，自尊 ◆尊重差异
	4～5岁	◇身体各部位及其作用 ◇不同性别的人的身体构造 ◆生理卫生 ▲自己和他人的不同	◇说出身体各部位的名称 ◇识别身体差异 ◆卫生练习（清洗身体的每个部位） ◆表达需求和愿望	◇保持积极的自我形象，自尊 ◇尊重差异 ◆欣赏自己的身体 ▲享受由身体接触带来的幸 福、亲密和信任感 ▲尊重性别平等
	5～6岁	◇身体各部位及其功能 ◇不同性别的人的身体构造 ◇生理卫生 ▲身体发育在不同年龄阶段的表现	◇说出身体各部位的名称 ◇识别身体差异 ◇卫生练习（清洗身体的每个部位） ◇表达需求和愿望 ▲认识自己和他人都需要隐私	◆积极的性别认同 ◇保持积极的自我形象，自尊 ◇尊重差异 ◇尊重性别平等 △享受由身体接触带来的幸 福、亲密和信任感
身体的感觉	3～4岁	◆感受触摸自己身体时的愉悦 ◆用科学的方式探索自己的身体，尤其是隐私部位	◆谈论自己身体的愉悦（或不 愉悦）感觉	◆积极地对待自己的身体及其 功能
	4～5岁	◇感受触摸自己身体时的愉悦 ◇用科学的方式探索自己的身体，尤其是隐私部位 ◆享受亲密关系是每个人生活中的组成部分 ◆身体的亲密接触是表达爱的一种方式	◇谈论自己身体的愉悦（或不 愉悦）感觉 ◆获得对性别认同的认识 ◆表达自己的需要、愿望和界 限（如"扮演医生"游戏）	◇积极地对待自己的身体及其 功能 ◆尊重他人 ▲正确看待自己对身体的好奇 心

续表

单元	年龄阶段	知识	技能	价值观
身体的感觉	5～6岁	◇感受触摸自己身体时的愉悦 ◇用科学的方式探索自己的身体，尤其是隐私部位 ▲性的含义和表达（如表达爱） ▲使用适当的性语言 ▲性情感（如亲密、享受、兴奋）作为人类情感的一部分应该是积极的情感，不应包括胁迫或伤害	◇巩固性别认同 ◆用科学的语言谈论性问题 ▲礼貌地使用性语言	◇保持积极的自我形象 ◇尊重他人 △正确看待自己对身体的好奇心
生命孕育	3～4岁	◆怀孕、出生和婴儿 ◆人类生殖的基础（婴儿从哪里来）	◆用科学的语言谈论生命孕育	▲尊重并理解家庭拥有孩子的不同途径
	4～5岁	◇怀孕、出生和婴儿 ◇人类生殖的基础（婴儿从哪里来） ▲认识成为家庭成员的不同方式（如领养） ▲理解有的人有孩子，有的人没有孩子	◇用科学的语言谈论生命孕育	△接受自己以任意一种方式成为家庭中的成员
	5～6岁	◇人类生殖的基础（婴儿从哪里来） ◇生命、怀孕、出生、长大、死亡 ◆与生殖有关的神话（如女娲造人、亚当与夏娃）	◇用科学的语言谈论生命孕育	◇尊重差异（有的人有孩子，有的人没有孩子）

注：◆基础内容（新增），◇基础内容（巩固），▲补充内容（新增），△补充内容（巩固）。

五、思想政治素养养成

幼儿园“集体婚礼”

2013年1月11日，郑州一家幼儿园举行了一场隆重的“集体婚礼”，“结婚”的是100多名幼儿。婚礼有主婚人，幼儿穿着礼服互相承诺，“新郎”要给“新娘”戴戒指，家长也在婚礼现场“见证”。

对此，有人认为，幼儿园举办“集体婚礼”是一种“虐童”行为。小小的孩子就当起了“新郎新娘”，他们天真的话语加上大人式的动作，会让一些成人觉得好玩，就像虐童事件中的那位“老师”那样，觉得挺好玩的，可不知道这么做，是在“虐杀”孩子的精神，从某种意义上说，是另一种形式的“虐童”。幼儿需要进行性教育，但性教育需要良好的载体，更需要循序渐进。过早让幼儿“结婚”，反而是坏事。

请仔细阅读以上幼儿园“集体婚礼”的报道及网友观点，和学习小组共同讨论：对于成人化的“婚礼”仪式，是对幼儿的性教育吗？

六、任务实施

任务工作单 1

班级：__________　　姓名：__________　　学号：__________

引导问题：

回忆童年经历，谈谈小时候问父母、长辈“我从哪里来”这样的问题，父母、长辈的答案。

任务工作单 2

班级：__________　　姓名：__________　　学号：__________

案例材料

苗苗是一名中班的幼儿，她的妈妈最近在医院生小宝宝，苗苗对小宝宝是怎么来的产生了疑问，每天都和教师、其他幼儿讨论：小宝宝是从哪里来的，我是从哪里来的？其他幼儿也对这个问题产生了极大的兴趣。

阅读以上案例材料，请问：作为幼儿教师，你如何回答这一问题呢，如何向幼儿解释生命的诞生？

任务工作单 3

班级：__________ 姓名：__________ 学号：__________

下列各图展示了2021年媒体报道的性侵儿童案例的数据情况，请与小组成员结合《幼儿园教育指导纲要（试行）》《3～6岁儿童学习与发展指南》健康领域部分的目标表述，共同探讨幼儿性健康教育的重要性和幼儿性健康教育的内容，并记录下来。

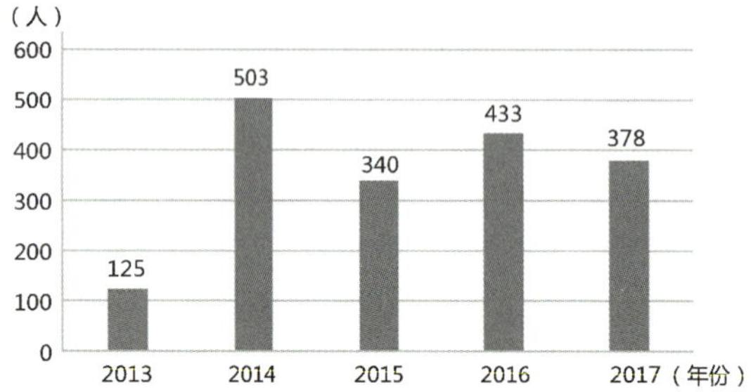

（人）
600 500 400 300 200 100 0
125 503 340 433 378
2013 2014 2015 2016 2017（年份）

2013—2017年曝光性侵儿童案例统计情况

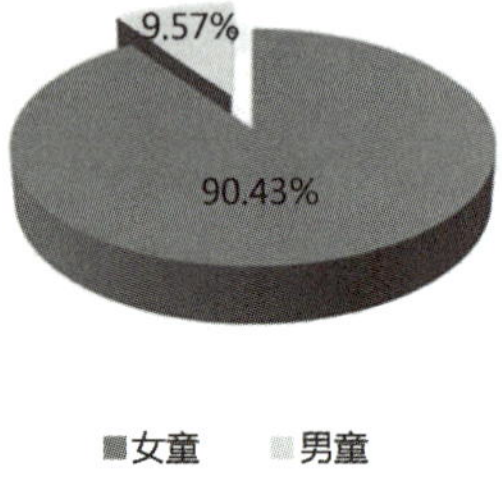

9.57%
90.43%
女童 男童

受害者中男童、女童占比

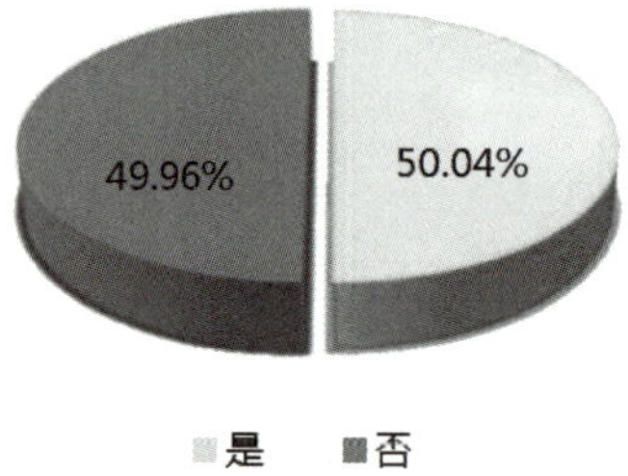

49.96% 50.04%
是 否

课前问卷——城市儿童是否上过防性侵课程占比

55.17% 44.83%
是 否

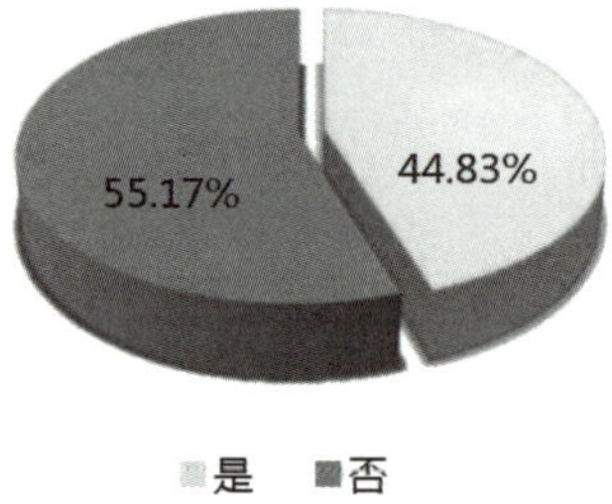

课前问卷——农村儿童是否上过防性侵课程占比

幼儿性健康教育的重要性：
幼儿性健康教育的内容：

六、评价反馈

<table>
<tr><td>班级</td><td></td><td>姓名</td><td></td><td>学号</td><td></td><td>日期</td><td></td></tr>
<tr><td>评价指标</td><td colspan="5">评价内容</td><td>分值</td><td>得分</td></tr>
<tr><td>信息检索能力</td><td colspan="5">是否能有效利用网络、图书等资源查找相关信息，是否能将查到的信息有效地运用到学习中</td><td>5分</td><td></td></tr>
<tr><td>学习态度</td><td colspan="5">是否积极主动与教师、同学交流，相互尊重、理解，与教师、同学之间是否能保持多向、丰富、适宜的信息交流</td><td>5分</td><td></td></tr>
<tr><td>学习方法</td><td colspan="5">是否能运用信息平台学习，完成线上学习任务</td><td>15分</td><td></td></tr>
<tr><td rowspan="3">学习成效</td><td colspan="5">是否知道幼儿性健康教育的内涵</td><td>10分</td><td></td></tr>
<tr><td colspan="5">是否掌握幼儿性健康教育的相关知识</td><td>10分</td><td></td></tr>
<tr><td colspan="5">是否能对性健康教育的价值、内容进行梳理分析</td><td>20分</td><td></td></tr>
<tr><td>健康观</td><td colspan="5">是否认同健康教育对幼儿具有十分重要的意义，重视幼儿身心健康</td><td>10分</td><td></td></tr>
<tr><td>课后作业</td><td colspan="5">是否能按时完成课后作业，保质保量填写任务工作单</td><td>20分</td><td></td></tr>
<tr><td>自评反馈</td><td colspan="5">是否按时按质完成任务；是否较好地掌握了知识点；是否具有较强的信息分析能力和理解能力；是否具有较为全面、严谨的思维能力，并能条理清楚地表达成文</td><td>5分</td><td></td></tr>
<tr><td colspan="6">评价成绩</td><td colspan="2"></td></tr>
<tr><td colspan="4">评价人：</td><td colspan="4">评价时间：</td></tr>
</table>

项目二　心理健康教育活动设计与实施

任务1　情绪调节教育活动的设计与实施

一、任务描述

跑圈的爱地巴

在古老的西藏，有一个叫爱地巴的人，每次和人起争执生气的时候，他就以很快的速度跑回家去，绕着自己的房子和土地跑3圈，然后坐在田边喘气。爱地巴工作非常努力，他的房子越来越大，土地也越来越广，但不管房子有多大、土地有多广，只要与人争论生气，他还是会绕着自己的房子和土地跑3圈，爱地巴为何每次生气都绕着房子和土地跑3圈？所有认识他的人，心里都很疑惑，但是不管怎么问他，爱地巴都不愿意说明。

直到有一天，爱地巴很老了，他的房子、土地已经很大很广了，他生气的时候还是拄着拐杖艰难地绕着房子跟土地走，等他好不容易走完3圈，太阳都下山了，爱地巴独自坐在田边喘气。他的孙子在身边恳求他："阿公，你年纪已经那么大了，这附近地区也没有人的土地比你更广，您不能再像从前，一生气就绕着土地跑啊！您可不可以告诉我这个秘密，为什么您一生气就要绕着土地跑上3圈？"

爱地巴禁不起孙子的恳求，终于说出隐藏在心中多年的秘密，他说："年轻时，我若和人吵架、争论、生气，就绕着房子和土地跑3圈，边跑边想，我的房子这么小，土地这么少，我哪有时间，哪有资格去跟人家生气，一想到这里，气就消了，于是就把所有时间用来努力工作。"孙子问道："阿公，你年纪大了，又变成最富有的人，为什么还要绕着房子和土地跑？"爱地巴笑着说："我现在还是会生气，生气时绕着房子和土地走3圈，边走边想，我的房子这么大，土地这么广，我又何必跟人计较？一想到这，气就消了。"

如果你是爱地巴，你该如何进行情绪调节呢？作为一名幼儿教师，你又将如何引导幼儿调节自己的情绪呢？

二、学习目标

（一）知识目标

（1）依据《3～6岁儿童学习与发展指南》的目标要求，熟悉与幼儿情绪相关的目标内容。

（2）知道幼儿心理健康教育的组织形式及途径。

（二）能力目标

（1）能根据3～6岁幼儿身心发展规律，设计幼儿情绪调节活动。

（2）能选择适宜的方法和途径，组织实施幼儿情绪调节活动。

（三）素养素质目标

（1）尊重幼儿并善于调节幼儿的情绪。

（2）乐意参与企业课堂，虚心向企业指导教师请教。

三、学习重难点

（1）重点：幼儿情绪调节活动的组织及评价。

（2）难点：能根据幼儿年龄特点实施多种途径的幼儿情绪调节活动。

四、相关知识链接

情绪是一种内部的主观体验，但在情绪发生时，又总是伴随着某种外部表现。这种外部表现也就是可以观察到的某些行为特征。这些与情绪有关的外部表现，叫“表情”。[①]

（一）情绪理论

1. 早期理论

（1）James — Lange理论。美国心理学家James和丹麦生理学家Lange分别提出内容相同的一种情绪理论。他们强调，情绪的产生是植物性神经活动的产物，后人称为“情绪的外周理论”。即情绪刺激引起身体的生理反应，而生理反应进一步导致情绪体验的产生。James提出，情绪是对身体变化的知觉。在他看来，是首先有机体的生理变化，其次才有情绪的，因此悲伤由哭泣引起，恐惧由战栗引起。Lange认为，情绪是内脏活动的结果。他特别强调情绪与血管变化的关系。James — Lange理论看到了情绪与机体变化的直接关系，强调了植物性神经系统在情绪产生中的作用；但是，他们片面强调植物性神经系统的作用，忽视了中枢神经系统的调节、控制作用，因而引起了很多的争议。

（2）Cannon — Budd学说。Cannon — Budd学说认为，情绪的中枢不在外周神经系

① 施塔，卡拉特.情绪心理学[M].周仁来等，译.北京：中国轻工业出版社，2015.

统，而在中枢神经系统的丘脑，并且强调大脑对丘脑抑制的解除，使植物性神经活跃起来，加强身体生理的反应，而产生情绪。外界刺激引起感觉器官的神经冲动，传至丘脑，再由丘脑同时向大脑和植物性神经系统发出神经冲动，从而在大脑产生情绪的主观体验而由植物性神经系统产生个体的生理变化。Cannon — Budd学说认为，激发情绪的刺激由丘脑进行加工，同时把信息输送到大脑和机体的其他部位，到达大脑皮层的信息产生情绪体验，而到达内脏和骨骼肌肉的信息激活生理反应，因此情绪体验与身体变化同时发生。

2. 认知理论

（1）阿诺德“评定—兴奋”说。“评定—兴奋”说由美国心理学家阿诺德提出。他认为，刺激情景并不直接决定情绪的性质，从刺激出现到情绪的产生，要经过对刺激的估量和评价。情绪产生的基本过程是刺激情景—评估—情绪。同一刺激情景，由于对它的评估不同就会产生不同的情绪反应。情绪的产生是大脑皮层和皮下组织协同活动的结果，大脑皮层的兴奋是情绪行为最重要的条件。

（2）沙赫特的两因素情绪理论。两因素情绪理论由美国心理学家沙赫特和辛格提出。他们认为，情绪的产生有两个不可缺少的因素：一个是个体必须体验到高度的生理唤醒，另一个是个体必须对生理状态的变化进行认知性的唤醒。情绪状态是认知过程、生理状态、环境因素在大脑皮层中整合的结果。这可以将上述理论转化为一个工作系统，称为“情绪唤醒模型”。

（3）拉扎勒斯的认知—评价理论。拉扎勒斯的认知—评价理论认为，情绪是人与环境相互作用的产物。在情绪活动中，人不仅反映环境中的刺激事件对自己的影响，还要调节自己对于刺激的反应。也就是说，情绪是个体对环境知觉到有害或有益的反应。因此，人们需要不断地评价刺激事件与自身的关系，具体有三个层次的评价：初评价、次评价、再评价。

3. 分化理论

分化理论以伊扎德（Izard）为代表。伊扎德认为，情绪是人格系统的组成部分，也是人格系统的核心动力。情绪系统与认知、行为等人格子系统建立联系，实现情绪与其他系统的相互作用。下面简要介绍分化理论的主要内容。

（1）情绪是分化的。伊扎德认为，情绪是分化的，存在着具有不同体验的独立情绪，这些独立的情绪都具有动机特征。他假定存在十种基本情绪，即兴趣、愉快、惊奇、悲伤、愤怒、厌恶、轻蔑、恐惧、害羞与胆怯，它们组成了人类的动机系统。每种基本情绪在组织上、动机上和体验上都有其独特性。不同的情绪具有不同的内部体验：这种内部体验对认知与行为会产生不同的影响。情绪过程与有机体的内部动态平衡、驱力系统、知觉及认知是相互影响的。

（2）情绪在人格系统中的地位和作用。伊扎德认为，人格是由体内平衡系统、内驱力系统、情绪系统、知觉系统、认知系统和动作系统六个子系统组成的。其中，情绪是人格系统的组成部分，也是人格系统的核心动力。情绪的主观成分——体验是起动机作用的心理机制，是驱动有机体采取行动的力量。人格系统的发展是这些子系统的自身发展与各子系统之间联结不断形成和发展的过程。

（3）情绪系统的功能。伊扎德从进化的观点出发，提出大脑新皮层体积的增长和功能的分化，面部骨骼肌肉系统的分化及情绪的分化是平行的、同步的。情绪的分化是进化过程的产物，具有灵活多样的适应功能，在有机体的适应和生存上起着核心作用。每种具体的情绪都有其发生的渊源和特定的适应功能。

（二）情绪调节

根据研究共分为三种主要的情绪调节策略。[①]第一种是情境关注策略，情境关注策略是用来控制情境的，它通过选择情境或在某种程度上改变情境发挥作用。第二种是认知关注策略，认知关注策略要求我们将注意指向情境中某些特定的方面或是改变我们看待情境的方式促进某些情绪并/或消除其他情绪。第三种则是反应关注策略，一旦情绪产生就要求我们改变情绪的效果。反应关注策略假定个体已经产生了某种情绪并且想要改变情绪的某些方面。这可能包括：通过谈论这种情绪“将它从个体的系统中移除”，通过睡觉、服药或喝酒等的方式尝试关闭情绪体验，尝试压抑情绪的表达让别人看不出来自己的感受。

情绪使我们的生活多姿多彩，同时，也影响着我们的生活及行为。当出现不好的情绪时，最好加以调节，不要使情绪给自己的生活及身体带来坏的影响。

1. 用表情调节情绪

有研究发现，愤怒和快乐的脸部肌肉会使个体产生相应的体验，愤怒的表情可以带来愤怒的情绪体验，因此当我们烦恼时，用微笑调节自己的情绪可能是种很好的选择。

2. 人际调节

人与动物的区别在于他的社会属性，当情绪不好时，人可以向周围的人求助，与朋友聊天、娱乐可以暂时忘记烦恼，而与曾经有过共同愉快经历的人则能引起当时愉快的感觉。

3. 环境调节

美丽的风景会使人心情愉悦，而肮脏的环境会使人心情烦躁。当情绪不好时可以选择去一个环境优美的地方，在完美的大自然中，心情自然而然会得到放松；还可以去那些曾经开心过的地方，记忆会促使你想起愉快的事情。

4. 认知调节

人之所以有情绪，是因为我们对事情做出了不同的解释，每件事情不同的人观点不同，就会产生不同的情绪反应。因此我们可以通过改变我们的认知，来改变我们的情绪。比如，在为了某件事情感到烦躁时，可以对事情进行重新评价，从另外一个角度看问题，改变我们刻板的看问题方式。

5. 回避引起情绪的问题

如果有些引起情绪的问题我们既不能改变自己的观点又不能解决，就可以选择逃避

① 格里格，津巴多.心理学与生活[M].王垒，王甦，等译.北京：人民邮电出版社，2003.

问题，先暂时避开问题，不去想它，待情绪稳定时，再去解决问题，而且有时候问题的解决方案会在从事其他事情时不经意地想出来。

五、思想政治素养养成

阅读以下材料，请思考：你认为幼儿教师需要具备一定的情绪调节能力吗，为什么？说说你的观点。

20世纪90年代，美国心理学家沙洛维（Salovey）和梅尔（Mayer）提出情绪智力（Emotional Intelligence）概念。情绪智力是指个体感知与评估自身情绪、观察他人情绪、调节与管理情绪等的一种相对稳定的能力。教师属于情绪投入较高的职业，情绪智力水平较高的教师具备创造性解决问题的能力，能与学生保持良好的师生关系，促进学生学业及社会情感的发展。多项研究证实，情绪智力对幼儿园教师的教学效能感、工作投入等有重要影响。高水平的情绪智力不仅有助于缓解幼儿园教师的职业倦怠，还可以有效缓解工作—家庭冲突带来的负面影响。

研究发现，大专及以下学历幼儿园教师在自我情绪评估、情绪控制、情绪运用方面的表现均优于本科学历幼儿园教师。这可能与幼儿园教师自身的工作状态有关，本科学历幼儿园教师可能对自身要求更高，在职称评聘、评优评先方面面临较大压力，由此累积焦虑、烦躁等消极情绪。建议幼儿园教师学习必要的情绪管理技巧，如正念练习、情绪转移、情绪宣泄、自我评价与反思等，以此缓解消极情绪，提升情绪感知与调节等能力。以正念练习为例。正念练习是一种冥想练习，最初由美国卡巴金（Kabat-Zinn）教授提出并运用于临床实践，是指个体不断练习关注自身身体和情绪状态，从而提高对自身或他人情绪、想法的接纳程度。近年来，多项研究证实，个体的正念水平与情绪智力呈正相关关系，正念练习能对个体的情绪智力产生积极作用。幼儿园教师可以尝试运用正念练习提高对自身情绪的觉察水平，改变自身对压力事件的消极认知，进而缓解消极情绪。

研究发现，幼儿园教师情绪智力虽整体处于中等偏上水平，但情绪控制维度得分偏低。这表明幼儿园教师总体上仍面临较大职业压力，控制消极情绪的能力有待改善。通过访谈得知，多数幼儿园采取“自上而下”“一刀切”式的管理方式，幼儿园教师通常在园所管理方面缺少话语权，有时很难维护自身权益，容易累积消极情绪。已有研究指出，园所管理水平越高，幼儿园教师所面临的职业压力越小。幼儿园管理者应当转变管理观念，优化园所管理方式，赋予幼儿园教师更多话语权，鼓励其参与决策，以此增强教师的职业认同感及对幼儿园的归属感。此外，幼儿园可以通过组织团队建设、教学研讨、经验交流、自我生命叙事活动等，增进教师间的情感交流，有意识地促进其情绪智力发展。

（资料来源：张娇、程秀兰、周睿：《幼儿园教师情绪智力现状及建议》，《幼儿教育（教育科学）》2020年第9期）

六、任务实施

任务工作单 1

班级：__________　　姓名：__________　　学号：__________

1. 请对照《3～6岁儿童学习与发展指南》健康领域部分的目标表述，查阅幼儿心理健康相关目标和典型表现，并记录下来
2. 查阅资料，用思维导图的形式梳理幼儿情绪教育的内容和策略

任务工作单 2

班级：__________ 姓名：__________ 学号：__________

结合自身情况分享自己调节不良情绪的方法。

任务工作单 3

班级：__________　　　　姓名：__________　　　　学号：__________

幼儿时期是情绪发展的重要阶段，有时候幼儿可能会表现出不良情绪，如情绪失控、焦虑、抑郁、愤怒等。请为下面案例中的幼儿提供一些帮助他们调节情绪的方法。（选择其中一个案例提出建议即可）

案例材料

案例 1：阳阳是一名幼儿园中班的小男生，在班里经常表现出胆小懦弱，受到别的男同学欺负，也不敢向教师告状。家长知道后很担心，向教师求助。

案例 2：明明是一名幼儿园小班的小男孩，因为父母离异常常表现出沮丧和情绪低落的现象，在幼儿园里常常哭，不愿意参加集体活动，也不喜欢跟其他幼儿交流。

案例 3：芳芳是一名幼儿园小班的幼儿，刚入园时表现出哭闹的情况，总是喊着要回家找妈妈。早晨入园时总是抓着父母的手不放，不愿意离开他们，甚至哭闹不止。

任务工作单 4

班级：__________　　姓名：__________　　学号：__________

案例材料

文文是一名幼儿园大一班的小男生。据教师家访了解到，小文的父母工作繁忙，大多时候小文都是由爷爷奶奶照顾的。爷爷奶奶只有小文一个孙子，平时非常宠爱他，对他百依百顺。小文在幼儿园中，时常会与其他幼儿发生矛盾。有一次，华华和小文共同做游戏记录，小文一下夺走了华华手中的马克笔，抢着记录，华华和他商量，一人写一次，于是想拿走纸笔，小文不愿意，和华华争抢了起来，大叫着“你给我！”，小文没有抢到非常愤怒，皱着眉头、瞪着双眼、双手握拳，对华华生气地说：“我不和你玩啦！”说完，用力地踢开脚边的椅子……

结合所学，为帮助像小文这类情绪容易暴躁的幼儿，设计一个5～6岁幼儿情绪调节活动方案。通过小组讨论，确定本组活动主题、目标等。根据以下活动设计模板，完成大纲并进行设计思路汇报。

<table>
<tr><td>活动名称</td><td colspan="2"></td></tr>
<tr><td>活动目标</td><td colspan="2"></td></tr>
<tr><td rowspan="2">活动重难点</td><td colspan="2"></td></tr>
<tr><td colspan="2"></td></tr>
<tr><td rowspan="2">活动准备</td><td>经验准备</td><td></td></tr>
<tr><td>物质准备</td><td></td></tr>
</table>

活动过程	
活动延伸	

任务工作单 5

班级：__________ 姓名：__________ 学号：__________

引导问题：

根据任务工作单4中设计的幼儿情绪调节活动方案，进行试教，记录后完成活动反思。

试教时间： 试教地点： 参与人员：   活动反思：

七、评价反馈

班级		姓名		学号		日期	
评价指标	评价内容					分值	得分
信息检索能力	是否能有效利用网络、图书等资源查找相关信息，是否能将查到的信息有效地运用到学习中					5分	
学习态度	是否积极主动与教师、同学交流，相互尊重、理解，与教师、同学之间是否能保持多向、丰富、适宜的信息交流					5分	
学习方法	是否能运用信息平台学习，完成线上学习任务					15分	
学习成效	是否知道幼儿情绪健康调节的途径和方法					10分	
	是否掌握了幼儿情绪调节教育内容的相关知识					10分	
	是否能设计并组织幼儿情绪调节活动					20分	
健康观	是否认同健康教育对幼儿具有十分重要的意义，重视幼儿身心健康					10分	
课后作业	是否能按时完成课后作业，保质保量填写任务工作单					20分	
自评反馈	是否按时按质完成任务；是否较好地掌握了知识点；是否具有较强的信息分析能力和理解能力；是否具有较为全面、严谨的思维能力，并能条理清楚地表达成文					5分	
评价成绩							
评价人：				评价时间：			

任务2　幼儿性健康教育活动的设计与实施

一、任务描述

佳佳两岁多时，经常和她5岁的哥哥一起玩耍，偶尔会看见哥哥站着尿尿，就跟妈妈说："妈妈，我也要像哥哥那样站着尿尿。"妈妈只是告诉佳佳，她是女孩子，应该蹲下或坐在马桶上尿尿，不能随便看男孩子尿尿。孩子当时似懂非懂，妈妈也就含糊其辞给敷衍过去了。

上幼儿园后，幼儿对性别和自己的生殖器官产生了极大的好奇与兴趣，有时候也会讨论"我是女孩子，他是男孩子"等话题，还会问教师和父母"为什么男孩和女孩不一样？""我从哪里来？"。很多父母受传统观念的影响，对这些话题会模糊带过，或者随意说"垃圾堆捡来的，医院抱来的"等答案，幼儿可能会对性教育的相关内容产生误解，甚至产生不必要的恐惧或焦虑。

面对幼儿的疑问，作为幼儿教师，你会怎么回答？你将如何在幼儿园中开展和性健康教育有关的活动呢？

二、学习目标

（一）知识目标

（1）了解学前儿童性健康教育活动开展的原则和方法。

（2）理解性健康教育在幼儿发展和成长中的重要性。

（二）能力目标

（1）能根据3～6岁幼儿身心发展规律，尝试设计适宜的幼儿性健康教育活动。

（2）能根据3～6岁幼儿身心发展规律，组织适宜的幼儿性健康教育活动。

（三）素养素质目标

（1）理解幼儿性健康教育的重要性并乐意实施幼儿性健康教育活动。

（2）提升开展幼儿性健康教育活动的有效性，具备协作精神。

三、学习重难点

（1）重点：能根据3～6岁幼儿身心发展规律，制定幼儿性健康教育活动的方案。

（2）难点：能根据幼儿不同年龄阶段设计适宜的幼儿性健康教育活动；能根据3～6岁幼儿身心发展规律，组织适宜的幼儿性健康教育活动。

四、相关知识链接

（一）学前儿童性健康教育概念

学前儿童性健康教育是指根据学前儿童的年龄特征、心理特征、认知水平等状况，有组织、有计划、有目的地开展早期性启蒙教育活动。学前儿童性健康教育主要讲授粗浅的性生理知识，帮助幼儿端正对两性的态度，促进幼儿性心理的正常发育，促进其心理健康发展。

（二）各年龄阶段学前儿童性健康教育的内容

小班：认识自己的身体部位，能说出重要部位的名称；知道自己的隐私部位，具有保护隐私部位的意识；知道自己的性别并喜欢自己的性别；学习与性别有关的行为礼仪，例如，如厕的正确姿势等。

中班：认识生命的起源，简单了解人的出生过程；了解男女性别差异，能分辨不安全的身体接触；懂得男女分开如厕；学习保护隐私部位。

大班：了解性教育的意义，知道简单的生理发育知识，具有性保护意识；知道如何进行自我保护，学会简单的异性交往技巧。

五、思想政治素养养成

儿童性健康教育的有效策略

1.邀请专家，指导幼儿教师专业成长

首先，让教师正确理解“性”的定义。广义的性教育包括性认同、关系的建立、性渴望、性的表达、性健康与生殖健康等五部分内容，它们相互影响、缺一不可。教师只有掌握全面的性教育知识，树立正确的性教育观，才能对儿童的性发育和性健康产生积极长远的影响。其次，教师需要从性的基本知识开始，了解不同年龄阶段儿童性发育的特点，学习儿童性发育规律；再由专家结合典型案例进行心理和需求分析，给予教师有效指导，帮助教师在应对实际情况时能给儿童做出科学的回答与应对。

2.根据不同年龄阶段儿童性发育特点设计活动

幼儿园开展教研活动时应针对不同年龄阶段儿童性发育的特点，寻找合适的性教育素材和资源，讨论教育适度的目标、目标实现的手段及内容呈现的方法等，最终整合成最适合幼儿认知特点的教育活动教案应用于实践之中。另外，有些机构专业做性教育课程，幼儿园可以尝试与它们进行合作，借鉴和学习其优秀课例，共同探讨如何有效开展教育活动等。

3.指导家庭性健康教育，提高家长认知水平

幼儿园应与家庭、社会密切配合，共同为幼儿创造一个良好的成长环境。幼儿园开展性健康教育离不开家长的支持和配合，家园合作是幼儿园开展儿童性健康教育、指导

家庭性健康教育的重要基础。

可以召开性健康教育家长知识讲座，邀请家长参加学习以提升家长的性健康教育理论和水平；分享、推荐一些性教育书籍给家长，大家一起分享读书心得和教育经验等；分享一些教育实践中出现的案例和有效的解决措施，教给家长实用的和儿童谈“性”的方法；当儿童出现有关性的问题和行为时，教师、家长应正确对待，给出合理化建议，以满足儿童的性发育需求，从根源上解决问题。

（资料来源：周清：《儿童健康教育之性教育的思考》，《儿童与健康》2022年第8期）

阅读以上关于儿童性健康教育的文献，谈谈你的看法。

六、任务实施

任务工作单 1

班级：__________　　　　姓名：__________　　　　学号：__________

请查阅资料，收集和幼儿性健康教育相关的绘本（至少3本），按要求填入表格。

绘本名称	绘本封面图片	该绘本中与幼儿性健康教育有关的内容

任务工作单 2

班级：__________ 姓名：__________ 学号：__________

任务描述：结合所学，设计一个促进幼儿性健康教育活动的方案。（可选择内容：性别的认知、身体部位的认知、隐私部位的保护、安全意识等。）

<table>
<tr><td>活动名称</td><td colspan="2"></td></tr>
<tr><td>活动目标</td><td colspan="2"></td></tr>
<tr><td rowspan="2">活动重难点</td><td colspan="2"></td></tr>
<tr><td colspan="2"></td></tr>
<tr><td rowspan="2">活动准备</td><td>经验准备</td><td></td></tr>
<tr><td>物质准备</td><td></td></tr>
<tr><td>活动过程</td><td colspan="2"></td></tr>
<tr><td>活动延伸</td><td colspan="2"></td></tr>
</table>

任务工作单 3

班级：__________　　姓名：__________　　学号：__________

引导问题：

根据任务工作单2中设计的幼儿性健康教育活动方案，进行试教，记录后完成活动反思。

试教时间： 试教地点： 参与人员：   活动反思：

七、评价反馈

班级		姓名		学号		日期	
评价指标	评价内容					分值	得分
信息检索能力	是否能有效利用网络、图书等资源查找相关信息，是否能将查到的信息有效地运用到学习中					5分	
学习态度	是否积极主动与教师、同学交流，相互尊重、理解，与教师、同学之间是否能保持多向、丰富、适宜的信息交流					5分	
学习方法	是否能运用信息平台学习，完成线上学习任务					15分	
学习成效	是否知道幼儿性健康教育的途径和方法					10分	
	是否掌握了幼儿性健康教育的相关知识					10分	
	是否能设计并组织幼儿性健康教育活动					20分	
健康观	是否认同健康教育对幼儿具有十分重要的意义，重视幼儿身心健康					10分	
课后作业	是否能按时完成课后作业，保质保量填写任务工作单					20分	
自评反馈	是否按时按质完成任务；是否较好地掌握了知识点；是否具有较强的信息分析能力和理解能力；是否具有较为全面、严谨的思维能力，并能条理清楚地表达成文					5分	
评价成绩							
评价人：				评价时间：			

模块五
幼儿运动健康教育

“幼儿运动健康教育”模块包含基本动作、体育游戏、基本体操及集体体育活动四大项目，具体围绕儿童基本动作的内容与身体素质的培养、体育游戏的认知与实施、体操的内容与创编、体育活动的内容与实训等方面展开。通过“幼儿运动健康教育”模块的学习，学生应掌握科学培养儿童运动能力、运动方式与运动习惯的途径及方法，通过组织体育活动加强儿童身体素质，促进儿童身体健康发展。

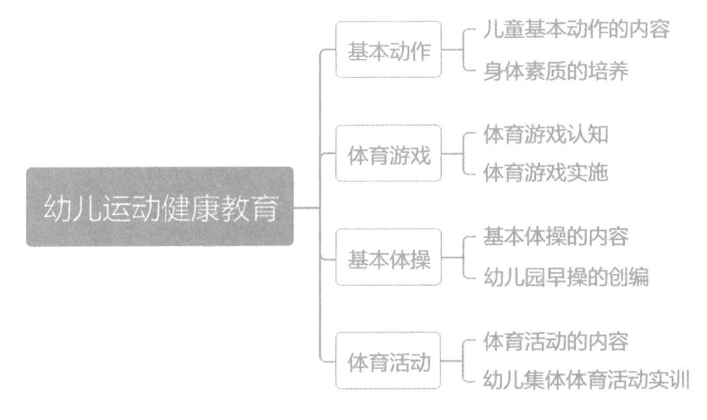

项目一　基本动作

任务1　儿童基本动作的内容

一、任务描述

周末，虫虫妈妈带着虫虫到体育公园进行户外锻炼。公园里有许多体育器械，如单杠、滑梯、攀爬架、秋千等，虫虫每次来都会去玩滑滑梯，这次他照常飞快地跑到滑滑梯处玩了起来。不一会儿，另一名幼儿也来了，他邀请虫虫和他一起玩攀爬架，只见虫虫双手费力地抓住攀爬架，手脚并用地往上爬，10秒钟不到就喊妈妈赶紧抱他下来，他又回去玩滑滑梯了。

在以上案例中，你觉得虫虫“攀登”的基本动作发展如何？

二、学习目标

（一）知识目标

（1）掌握幼儿基本动作的内容及动作要领。

（2）掌握各年龄阶段幼儿基本动作的发展水平。

（3）熟悉各年龄阶段幼儿基本动作的具体要求。

（二）能力目标

（1）能规范地示范各类型基本动作。

（2）能分析判断各年龄阶段幼儿基本动作的发展水平。

（3）能设计并组织、实施各类幼儿基本动作相关活动。

（三）素养素质目标

（1）关心幼儿，形成科学锻炼意识。

（2）明确幼儿基本动作的发展对幼儿身体发育的重要性。

三、重难点

（1）重点：幼儿基本动作的动作要领与具体表现。

（2）难点：幼儿基本动作相关活动与游戏的组织和实施。

微课：3～6岁幼儿身体基本动作示范与讲解

四、相关知识链接

幼儿基本动作包括走、跑、跳、投掷、钻、爬、攀登，掌握各基本动作要领、各年龄阶段动作发展及具体要求，对促进幼儿基本动作发展都十分重要。

（一）幼儿基本动作的动作要领

（1）走。挺胸抬头并目视前方，上体正直、肩臂放松，以肩为轴两臂前后自然摆动，向正前方抬腿，步幅均匀，落脚轻且落脚时脚尖向前。

（2）跑。两手臂曲肘并自然悬于身体两侧，手掌自然半握，上体微微前倾，目视前方，双手前后自然摆动，有节奏地呼吸，双腿有力地向后蹬地，向前摆腿方向正，双膝放松，前脚掌先着地，脚尖向前，落地轻。

（3）跳。跳包括预备、起跳、腾空、落地四个阶段。预备阶段可原地准备或助跑准备。原地准备时，需双腿屈膝、上体微微前倾、两臂后摆；助跑准备时，要短距离，跑的速度不宜过快或过慢，步伐有规律、不乱。起跳阶段可单脚跳或双脚跳。单脚跳时，起跳的前腿要蹬直，后腿要快速跟上；双脚跳时，两腿需要同时用力蹬地，双臂摆臂并起跳。腾空阶段要保持身体平衡。落地时，要屈膝缓冲，保持身体的平衡。

（4）投掷。左脚前、右脚后，前后脚相距一小步即可，身体重心在后脚，右手握住投掷物高举过头，右腿蹬地时，身体重心要转移到左腿，并挥臂投出。

（5）钻。钻分为正面钻和侧面钻。正面钻时，身体要面向障碍物，低头弯腰，缩小整个身体，双腿弯曲并交替向前移动；侧面钻时，身体侧对障碍物，低头弯腰，缩小整个身体，双腿弯曲下蹲，腿前伸时移动身体重心，转体钻过障碍。

（6）爬。爬包括手膝着地爬、手脚着地爬、肘膝着地爬以及匍匐前进，动作要领都需要做到抬头，四肢协调向前。

（7）攀登。由双手握住一格横木，双脚先后登上同一格横木开始，逐步过渡到双手、双脚交替向上攀登。

（二）各年龄阶段幼儿基本动作的发展

（1）走。小班幼儿腿部力量弱，步幅小且速度不均匀，落脚重，走和跑分不清，注意力易分散，不能形成队伍走；中班幼儿动作平稳，四肢较协调，但走的步伐不匀，节奏感较弱；大班幼儿能四肢协调、平稳地走，能控制走的速度，能走齐横队、走不齐纵队，齐步走的能力还不具备。

（2）跑。小班幼儿跑的速度较慢，步幅小且步伐不均匀，四肢协调性和身体平衡性较弱，耐力差，在跑时不易控制身体，因此立刻停止、转弯、躲闪障碍等动作较难；中班幼儿四肢协调，能听信号改变方向，能追逐跑，一个盯一个跑；大班幼儿四肢协调、能控制身体，转、停顿灵活。

（3）跳。小班幼儿四肢协调性弱，双脚较难同时蹬地离开地面，双臂摆不起来，腾空时间短，落地易失去平衡；中、大班幼儿动作协调，能熟练掌握立定跳远，双脚向上、向下跳，单、双腿连续跳，但落地动作不好。

（4）投掷。小、中班幼儿投掷动作不够协调，力量弱，投掷方向不准确、投掷距离较短；大班幼儿动作较协调，逐渐能用上转体和蹬地的力量投掷，但投掷方向不稳定。

（5）钻爬和攀登。小班幼儿钻时四肢协调，但容易碰到障碍物，攀登时四肢不协调，容易中途放弃；中、大班幼儿钻爬与攀登都较为协调灵敏，且速度快。

（三）各年龄阶段幼儿基本动作的具体要求

（1）走。小班幼儿需要上体正直、自然走，不要求整齐与规格，可组织幼儿听信号向指定方向走，一个跟着一个走；中班幼儿需要上体正直，上下肢协调走，两臂前后自然摆动，走得自然、轻松、有节奏，落地要轻不要重，可组织幼儿听信号有节奏地走、听信号变速走；大班幼儿需要步伐均匀，有精神地走，可组织幼儿听信号改变方向走。

（2）跑。小班幼儿需要自然跑，可沿场地周围跑，听信号向指定方向跑，在指定的范围内四散跑；中班幼儿需要上下肢协调，轻松跑，摆臂好，可组织幼儿一路纵队跑，四散追逐跑，快跑10～20米，走、跑交替100～200米；大班幼儿需要上体稍前倾，两手半握拳，屈肘在体侧，前后自然摆动，用前脚掌着地跑，可组织幼儿听信号变速、改变方向跑、快跑20～30米，走、跑交替200～300米。

（3）跳。小班幼儿需要轻轻跳起，自然落下，可组织幼儿双脚同时向上跳，在高度15～25厘米处向下跳，双脚向前行进跳；中班幼儿需要屈膝摆臂，蹬地跳，落地轻，保持平衡，可组织幼儿原地纵跳触物（物体距离幼儿高举的手指尖15～20厘米），双脚在直线两侧行进跳，双脚立定跳远且距离不少于30厘米，双脚站立在20～30厘米处向下跳，助跑跨跳不少于40厘米的平行线；大班幼儿需要屈膝、摆臂，用力蹬地跳起，保持平衡，可组织幼儿原地纵跳触物，物体离幼儿高举的手指尖20～25厘米，从高30～35厘米处向下跳，立定跳远距离不少于40厘米，助跑跨跳距离不少于50厘米，助跑屈腿跳过30～40厘米的高度。

（4）投掷。小班幼儿需要滚、抛、拍和接滚动的球，可组织幼儿滚接大皮球，双手抛大皮球，拍皮球；中班幼儿需要肩上挥投掷物和接抛来的球，可组织幼儿自抛自接高、低球，两人近距离抛接投远，左右手拍球；大班幼儿需要行进间拍球、变化形式拍球和集体接力拍球，肩投不仅要投远而且要投准，可组织幼儿在2～4米抛接大球，花样拍球，边跑边拍，边走边拍，投远，投准（距离3米左右、标靶直径60厘米）。

（5）钻爬与攀登。小班幼儿需要学会低头过障碍，手膝协调向前爬，能在攀登架上爬上、爬下，可组织幼儿钻过70厘米高障碍物（橡皮筋或绳子），两手、两膝着地向前爬，在攀登架上爬上、爬下；中班幼儿需要低头缩身，手脚协调地钻爬和攀登，可组织幼儿钻过直径为60厘米的圈，手脚着地屈膝爬，手脚协调地攀登；大班幼儿需要在中班要求基础上，协调灵敏地钻爬和攀登障碍。

五、思想政治素养养成

2020年6月16日，山东省日照市2020年线上亲子体育活动正式上线。活动分为幼儿园小班组、中班组、大班组和小学低年级组、中年级组、高年级组六个组别，根据各年龄阶段儿童的身心发育特点共设置了17个趣味亲子活动项目。项目设置不仅涵盖了大肌肉运动和小肌肉运动，还增添了手眼协调、视觉追踪等培养儿童专注力的内容。

“翻山越岭”“腾云驾雾”“不倒森林”“齐心协力”……一个个新奇有趣的亲子游戏走进了家庭，客厅变成了“运动场”，孩子变成了“小健将”。丰富的亲子游戏可以作为坚持居家运动的抓手，从小培养儿童参加体育活动的兴趣和习惯，营造和谐的家庭氛围，实现“一个孩子带动一个家庭”的运动理念。

2018年，日照市被国家体育总局确立为全国幼儿体育试点城市。近年来，日照市体育局积极推进幼儿体育的探索推广，并取得了显著效果。改善了幼儿户外活动缺乏专业性、目标性、系统性导致的幼儿体育活动量不足，幼儿基本运动能力和身体素质发展滞后，肥胖、抵抗力差、意志力弱等问题。幼儿体质不断增强，心智更趋健康稳定，社会交往能力有了较大提升，幼儿入园率、出勤率升高，生病率逐渐降低，幼儿体育活动在促进幼儿“体、脑、心、志”全面发展上取得了显著效果。

（资料来源：顾宁：《山东日照亲子体育活动启动》，《中国体育报》2020年6月16日第07版）

阅读以上新闻，谈谈你对“少年强，则国强”这句话的理解。

六、任务实施

任务工作单 1

班级：__________　　　　姓名：__________　　　　学号：__________

引导问题：

根据微课内容，认真学习《3～6岁儿童学习与发展指南》，找出其中与幼儿运动能力发展相关的内容，梳理总结关键知识点，以思维导图形式呈现。

任务工作单 2

班级：__________　　姓名：__________　　学号：__________

扫描右侧二维码，阅读案例材料中班活动“制作冰激凌”，完成以下问题。

（1）“制作冰激凌”活动是否适合中班幼儿发展水平？

（2）“制作冰激凌”活动主要帮助幼儿发展哪些基本动作？

（3）分析“制作冰激凌”活动的优缺点并提出修改建议。

中班活动：制作冰激凌

任务工作单 3

班级：__________ 姓名：__________ 学号：__________

每个小组推荐代表展示设计的趣味体育游戏，其余人做好记录。

活动主题	展示人	活动亮点与特色

七、评价反馈

<table>
<tr><td>班级</td><td></td><td>姓名</td><td></td><td>学号</td><td></td><td>日期</td><td></td></tr>
<tr><td>评价指标</td><td colspan="5">评价内容</td><td>分值</td><td>得分</td></tr>
<tr><td>信息检索能力</td><td colspan="5">是否能有效利用网络、图书等资源查找相关信息，是否能将查到的信息有效地运用到学习中</td><td>5分</td><td></td></tr>
<tr><td rowspan="2">参与态度</td><td colspan="5">是否积极主动与教师、同学交流，相互尊重、理解，与教师、同学之间是否能保持多向、丰富、适宜的信息交流</td><td>5分</td><td></td></tr>
<tr><td colspan="5">是否能处理好合作学习和独立思考的关系，做到有效学习；是否能提出有意义的问题或发表个人见解</td><td>5分</td><td></td></tr>
<tr><td>学习方法</td><td colspan="5">学习方法是否科学、适宜，能进一步提升学习能力</td><td>5分</td><td></td></tr>
<tr><td rowspan="4">知识、能力获得</td><td colspan="5">是否认同基本动作发展对幼儿的重要性，重视幼儿身体健康</td><td>10分</td><td></td></tr>
<tr><td colspan="5">是否掌握了幼儿基本动作要领、各年龄阶段幼儿发展水平和具体要求的关键知识点</td><td>15分</td><td></td></tr>
<tr><td colspan="5">是否能示范基本动作的正确动作姿势</td><td>15分</td><td></td></tr>
<tr><td colspan="5">是否能根据幼儿基本动作发展水平，设计、组织和实施幼儿基本动作活动</td><td>20分</td><td></td></tr>
<tr><td>思维态度</td><td colspan="5">是否能发现问题、提出问题、分析问题、解决问题、创新问题</td><td>10分</td><td></td></tr>
<tr><td>自评反馈</td><td colspan="5">是否按时按质完成任务；是否较好地掌握了知识点；是否具有较强的信息分析能力和理解能力；是否具有较为全面、严谨的思维能力，并能条理清楚地表达成文</td><td>10分</td><td></td></tr>
<tr><td colspan="6">评价成绩</td><td colspan="2"></td></tr>
<tr><td colspan="4">评价人：</td><td colspan="4">评价时间：</td></tr>
</table>

任务2　身体素质的培养

一、任务描述

某幼儿园为了解全园幼儿的身体素质，组织了多项体能测试项目，其中一项为10米折返跑，要求幼儿能听信号起跑，全力奔跑至终点。

幼儿身体素质是在参加体育运动时表现出来的能力，《国民体质测定标准》（幼儿部分）中明确要求了幼儿身体素质的六项指标，即力量、速度、耐力、协调、柔韧、灵敏。幼儿园通过体能测试项目了解幼儿身体素质，并根据体能测试数据做好健康教育计划。

你知道幼儿身体素质测试需要测试哪些项目吗？

二、学习目标

（一）知识目标

（1）掌握幼儿身体素质的具体指标和测试项目。

（2）熟悉各年龄阶段幼儿身体素质的评价标准。

（二）能力目标

（1）能设计幼儿身体素质测试方案。

（2）能分析、评价幼儿身体素质现状，提出有效培养建议。

（三）素养素质目标

重视儿童身心健康，明确幼儿身体素质的重要性。

三、重难点

（1）重点：幼儿身体素质的评价标准。

（2）难点：幼儿身体素质的分析和评价。

四、相关知识链接

资源链接：《国民体质测定标准手册》（幼儿部分）

（一）幼儿体质测试

幼儿身体灵敏度、协调性、平衡能力都属于身体素质，而身体素质的测试指标、测试内容和评价标准需要根据《国民体质测定标准手册》（幼儿部分）进行。作为幼儿教师，需要掌握幼儿体质测试的内容、方法以及对体质测试结果进行分析，以便教师掌握幼儿身体素质，为幼儿制订具有针对性的锻炼计划，提高体育活动的科学性和有效性。

（二）幼儿身体素质

微课：3～6岁儿童身体素质

身体素质是体质的一个基本要素或组成部分，人体在运动中表现出的力量、速度、耐力、协调、灵敏、柔韧等机能能力，是衡量幼儿体质状况的一个重要方面。为了达到增强幼儿体质的目的，就必须使体质包含的诸方面都能得到适宜的、全面的、协调的发展，其中，也应该包含对幼儿身体素质的培养和发展，这是幼儿体能增强的重要标志。

五、思想政治素养养成

2003年，国家体育总局发布了《国民体质测定标准施行办法》，以下是部分内容，请谈谈你的看法。

国民体质测定标准施行办法（部分）

第一条　为推动和规范《国民体质测定标准》（以下简称《标准》）的施行工作，指导国民科学健身，促进全民健身活动的开展，提高全民族的身体素质，根据《中华人民共和国体育法》和《全民健身计划纲要》等有关规定，制定本办法。

第二条　《标准》适用于3～69周岁国民个体的形态、机能和身体素质的测试与评定，按年龄分为幼儿、青少年、成年人和老年人四个部分，其中，青少年标准为《学生体质健康标准》。

第三条　施行《标准》坚持科学、规范、安全、便民的原则。

第四条　提倡国民在经常参加体育锻炼的基础上，定期按照《标准》进行体质测定。健康状况不适合参加体质测定的可不进行体质测定。

第五条　国务院体育行政部门主管全国的《标准》施行工作。地方各级体育行政部门主管本行政区域内的《标准》施行工作。

国务院教育行政部门负责在全国各级各类学校施行《学生体质健康标准》工作。国务院卫生、民政、劳动保障、农业、民族等部门和工会、共青团、妇联等社会团体在各自的职责范围内负责施行《标准》工作。

第六条　各级体育行政部门应当将施行《标准》与开展国民体质监测结合进行，扶持建立体质测定站，培训体质测定人员，划拨用于施行《标准》的专项经费，收集并统计分析施行《标准》的信息资料。

第七条　各级国民体质监测中心应当将施行《标准》作为工作职责。体育教学、科研等单位应当做好施行《标准》的科研、培训和指导工作。

第八条　城市街道办事处应当将施行《标准》作为社区建设的内容，全国城市体育先进社区和有条件的社区应当建立体质测定站，发挥居民委员会等社区基层组织的作用，为居民提供体质测定服务。

第九条　县、乡镇应当将施行《标准》作为农村体育工作的重要内容，与农村医疗卫生工作结合，创造条件建立体质测定站，为农民提供体质测定服务。

第十条　机关、企业事业单位和社会团体应当有组织、有制度地开展体质测定工作。

第十一条　体质测定站应当具备以下基本条件：

（一）有培训合格的体质测定人员；

（二）有符合体质测试项目要求的器材和场地；

（三）有对伤害事故及时救护的条件；

（四）有测试数据处理及健身指导的设备和人员。

第十二条　开展体质测定应当严格按照《标准》规范操作，为受试者提供测定结果并给予科学健身指导；保存测定数据和资料；对受试者的测定结果保密。

第十三条　从事营利性体质测定服务的，应当向当地工商行政管理部门办理登记注册，并接受其指导、监督和管理。

第十四条　对体质有特殊要求的部门和单位可将《标准》作为招生、招工、保险等体质考核的参考依据。

第十五条　各级体育、教育行政部门及有关部门应当对在《标准》施行工作中做出显著成绩的单位和个人予以表彰奖励。

第十六条　《标准》由国务院体育行政部门负责制定，其中，青少年部分由国务院教育行政部门负责制定。

第十七条　有关部门和地方可参照《标准》制定适用于特定人群或地区的体质测定标准。

第十八条　本办法自2003年7月4日起施行。

（资料来源：国家体育总局官网，
https://www.sport.org.cn/search/system/gfxwj/qzty/2018/1108/191850.html）

六、任务实施

任务工作单 1

班级：__________ 姓名：__________ 学号：__________

自习查阅《国民体质测定标准手册》（幼儿部分），梳理出各年龄阶段幼儿身体素质测试指标的评价标准。

测试指标		3岁	4岁	5岁
10米折返跑	男			
	女			
立定跳远	男			
	女			
网球掷远	男			
	女			
双脚连续跳	男			
	女			
坐位体前屈	男			
	女			
走平衡木	男			
	女			

任务工作单 2

班级：__________　　姓名：__________　　学号：__________

引导问题：

分析《3～6岁儿童学习与发展指南》中关于幼儿动作发展的目标，结合体质测试要求，将幼儿身体素质的六项指标与相对应的测试项目梳理成思维导图。

目标

目标1：具有一定的平衡能力，动作协调、灵敏。

目标2：具有一定的力量和耐力。

目标3：手的动作灵活协调。

任务工作单 3

班级：__________　　　姓名：__________　　　学号：__________

扫描右侧二维码，阅读案例材料，完成以下问题。

（1）判断和分析该幼儿园幼儿体质测试方案能否有效测试出幼儿身体素质现状？

（2）根据结论分析原因及该幼儿园幼儿身体素质发展概况，并提出培养建议。

案例材料：×××幼儿园幼儿体质测试方案及结果

七、评价反馈

班级		姓名		学号		日期	
评价指标	评价内容					分值	得分
信息检索能力	是否能有效利用网络、图书等资源查找相关信息，能将查到的信息有效地运用到学习中					5分	
参与态度	是否积极主动与教师、同学交流，相互尊重、理解，与教师、同学之间是否能保持多向、丰富、适宜的信息交流					5分	
	是否能处理好合作学习和独立思考的关系，做到有效学习；是否能提出有意义的问题或发表个人见解					5分	
学习方法	学习方法是否科学、适宜，能进一步提升学习能力					5分	
知识、能力获得	是否认同幼儿身体素质的重要性，重视幼儿身体素质的培养					10分	
	是否掌握了幼儿身体素质的相关知识					15分	
	是否能根据幼儿年龄特点，设计幼儿身体素质测试方案					20分	
	是否能分析幼儿身体素质发展现状，提出有效培养建议					20分	
思维态度	是否能发现问题、提出问题、分析问题、解决问题、创新问题					10分	
自评反馈	是否按时按质完成任务；是否较好地掌握了知识点；是否具有较强的信息分析能力和理解能力；是否具有较为全面、严谨的思维能力，并能条理清楚地表达成文					5分	
评价成绩							
评价人：				评价时间：			

项目二　体育游戏

任务1　体育游戏认知

一、任务描述

体育游戏：炒黄豆

体育游戏在幼儿的成长中具有不可替代的作用。这天，在户外活动中，中一班的王老师带着幼儿来到了一楼操场，玩起了“炒黄豆”的游戏。“炒黄豆”游戏的具体玩法是两个幼儿相对站立手拉手，左右摇动，同时念儿歌：“翻饼、烙饼，油炸馅饼。”或念：“炒、炒、炒黄豆，炒好黄豆翻跟斗。”念完后立即高举一手，两人的头向里钻，同时转体360度（转体时要钻过举起的手，相背时两手高低交换）。中一班的幼儿玩得可开心了！相互交换队友玩了一遍又一遍。

“炒黄豆”游戏的主要目的是发展幼儿哪些能力？你还知道哪些经典的体育游戏？

二、学习目标

（一）知识目标

（1）掌握体育游戏的基本内容、活动形式。

（2）掌握各年龄阶段体育游戏的特点。

（二）能力目标

（1）能根据实际，选择适宜的体育游戏内容。

（2）能分析判断幼儿体育游戏发展水平。

（三）素养素质目标

（1）关心幼儿、了解幼儿，熟悉幼儿发展特点。

（2）重视游戏，明确游戏活动是体育游戏的基本形式。

三、重难点

（1）重点：各年龄阶段体育游戏特点和基本内容。

（2）难点：幼儿体育游戏发展水平的分析判断及相应建议的提出。

四、相关知识链接

体育游戏是体育活动中的重要内容，具有趣味性、竞赛性、规则性，能在游戏中促进幼儿身体素质的发展。

（一）体育游戏的基本内容和形式

幼儿体育游戏以走、跑、跳等基本动作、身体素质发展和运动技术动作（如拍球、踢球等）等三个方面的练习为主要内容，以游戏活动的形式展开，因此具有一定的情节、角色、规则，具备趣味性、竞赛性、自主性和创造性。

（二）各年龄阶段体育游戏的特点

小班：虽然幼儿对游戏的动作、情节、角色感兴趣，但没有竞争意识，因此不在意游戏输赢。小班体育游戏应角色少，游戏动作难度低（通常是集体做相同动作），游戏内容、规则和情节简单，制定的规则限制性小，且和情节是相结合的。

中班：幼儿开始在意游戏输赢，并喜欢带有竞赛性的游戏。中班体育游戏角色需要增加，动作、内容、情节可比小班难度大，游戏规则可稍复杂，有适当的限制性和惩罚性。

大班：有一定胜负欲，喜欢竞赛类游戏。大班体育游戏除角色增多，动作、难度、情节增多外，还需要注意发展幼儿动作的灵敏性和协调性，注意幼儿对游戏规则的遵守和执行，必要时可用奖罚的形式来强化幼儿对规则的遵守。

五、思想政治素养养成

民间游戏登上民族体育大舞台，小陀螺“转”出新风采

12月14日，广西第十五届少数民族传统体育运动会比赛项目打陀螺在广西桂林举行。赛场上，每队4名选手按照同号码牌进行对抗赛，赛况十分激烈。只见守方赛手压低重心，极快地将用鞭绳缠紧的陀螺抛出，以腿为轴以身画圆抽绳，陀螺便稳稳地在地面的黑色圆垫上旋转。随着裁判员的哨声响起，进攻方的赛手瞄准目标抬起手臂，用尽全力将手里的陀螺旋转抛出，陀螺相互碰撞，发出巨大的声响。

作为广西体专代表团参赛选手的谭玉铭在赛场上表现不俗，作为进攻方时，她总能对守方的陀螺进行“致命一击”。“打陀螺，腰部和手臂的力量很重要。身为进攻方时看准守方陀螺右边的一点进行击打，效果很好。”谭玉铭笑着说。

打陀螺是很多人童年记忆里的游戏。“我从小就喜欢打陀螺，小时候自己找一块结实的木头削一个陀螺，和小伙伴一起画个圈对着碰，看谁的陀螺先被‘打死’。”“70后”防城港市代表团教练员黄伟兴回忆道：“每年的‘三月三’，打陀螺都是必不可少的比赛项目，参赛选手用各种技巧放陀，看谁的陀螺旋得最久。”

打陀螺深受壮族、佤族、瑶族等少数民族的喜爱，在云南、广西等少数民族聚居地区广泛流传。1995年，在第五届全国少数民族传统体育运动会上，打陀螺被列为比赛项目，自此打陀螺逐步由民族民间游戏登上了中国民族体育竞技的大舞台，2003年在第七届全国少数民族传统体育运动会前更名为“陀螺”。

在民族传统体育运动会上，陀螺的打法较民间的玩法增加了竞技性和对抗性。民族传统体育运动会上的陀螺比赛在平整无碍的地面上进行，由守方先旋放陀螺，再由攻方抛掷自己的陀螺击打守方的陀螺，将守方陀螺击出比赛场区，或者比守方陀螺在比赛场区旋转的时间更长则得分。

攻守相抗，发球、瞄准、抽鞭、击飞，陀螺在空中划出一道弧线，碰撞在一起……运动员调动自己身体的全部力量协调配合，放陀螺的动作矫捷如兔，瞄准的目光锐利如鹰，运动员们极佳的平衡力和高超的技巧，让比赛极具观赏价值。

（资料来源：中国新闻网：《民间游戏登上民族体育大舞台 小陀螺“转”出新风采》，https://www.chinanews.com.cn/sh/2022/12-14/9915032.shtml）

阅读以上材料，请思考：民间体育游戏应该如何继承和发扬？

六、任务实施

任务工作单 1

班级：__________　　姓名：__________　　学号：__________

扫描右侧二维码，阅读案例材料，完成以下问题。

（1）明确“多变的棉棒”游戏的目标，并判断其目标能否有效实现？

（2）请分析“多变的棉棒”游戏的基本内容。

（3）从体育游戏目的、基本形式和内容三个方面评价该游戏。

中班体育游戏：多变的棉棒

任务工作单 2

班级：__________　　　　姓名：__________　　　　学号：__________

根据表格中的关键词，梳理出各年龄阶段体育游戏的特点。

关键词	小班	中班	大班
情节			
角色			
规则			
竞赛性			
创造性			
自主性			
趣味性			

任务工作单 3

班级：__________　　　　姓名：__________　　　　学号：__________

引导问题：

小组成员共同讨论，说一说你们儿时最喜欢的体育游戏，选择其中一个你们最喜欢的游戏，回忆该游戏的玩法，完成游戏方案的撰写。

游戏名称	
游戏目标	
游戏准备	
游戏规则	
游戏玩法	
安全要点	

七、评价反馈

<table>
<tr><td>班级</td><td></td><td>姓名</td><td></td><td>学号</td><td></td><td>日期</td><td></td></tr>
<tr><td>评价指标</td><td colspan="5">评价内容</td><td>分值</td><td>得分</td></tr>
<tr><td>信息检索能力</td><td colspan="5">是否能有效利用网络、图书等资源查找相关信息，能将查到的信息有效地运用到学习中</td><td>5分</td><td></td></tr>
<tr><td rowspan="2">参与态度</td><td colspan="5">是否积极主动与教师、同学交流，相互尊重、理解，与教师、同学之间是否能保持多向、丰富、适宜的信息交流</td><td>5分</td><td></td></tr>
<tr><td colspan="5">是否能处理好合作学习和独立思考的关系，做到有效学习；是否能提出有意义的问题或发表个人见解</td><td>5分</td><td></td></tr>
<tr><td>学习方法</td><td colspan="5">学习方法是否科学、适宜，能进一步提升学习能力</td><td>5分</td><td></td></tr>
<tr><td rowspan="4">知识、能力获得</td><td colspan="5">是否认同游戏活动的重要性，重视幼儿体育游戏</td><td>10分</td><td></td></tr>
<tr><td colspan="5">是否掌握了体育游戏的相关知识</td><td>15分</td><td></td></tr>
<tr><td colspan="5">是否能判断和分析幼儿体育游戏发展水平</td><td>20分</td><td></td></tr>
<tr><td colspan="5">是否能分析和评价体育游戏方案</td><td>20分</td><td></td></tr>
<tr><td>思维态度</td><td colspan="5">是否能发现问题、提出问题、分析问题、解决问题、创新问题</td><td>10分</td><td></td></tr>
<tr><td>自评反馈</td><td colspan="5">是否按时按质完成任务；是否较好地掌握了知识点；是否具有较强的信息分析能力和理解能力；是否具有较为全面、严谨的思维能力，并能条理清楚地表达成文</td><td>5分</td><td></td></tr>
<tr><td colspan="6">评价成绩</td><td colspan="2"></td></tr>
<tr><td colspan="4">评价人：</td><td colspan="4">评价时间：</td></tr>
</table>

任务2 体育游戏的实施

一、任务描述

体育游戏的设计、创编、组织和实施需要按照科学的创编原则、创编方法，做好相关设计方案，并有目的、有规划地做好活动准备、活动实施和活动结束三个环节，且教师在游戏过程中需要注意幼儿活动量、幼儿动作、规则遵守和安全等问题，并做好随时调整活动的准备，确保活动的组织和实施有效达到活动目的。

你组织过幼儿开展体育游戏吗?

二、学习目标

(一)知识目标

(1)理解体育游戏创编原则与方法。

(2)熟悉各类体育游戏与民间体育游戏的玩法。

(3)掌握体育游戏组织与实施步骤。

(二)能力目标

(1)能分析判断体育游戏的设计、组织是否适宜。

(2)会玩、会组织多种体育游戏和民间体育游戏。

(3)能编写体育游戏和民间体育游戏方案。

(三)素养素质目标

(1)在活动中具有理实结合的意识。

(2)克服组织体育游戏中的困难，重视体育游戏的实施。

三、重难点

(1)重点：体育游戏的编写、设计和组织。

(2)难点：体育游戏的组织和实施。

四、相关知识链接

（一）体育游戏创编原则

1. 灵巧性原则

幼儿已基本形成走、跑、跳、投、爬等基本动作，但动作的准确性、协调性还比较差，在体育游戏的创编中要多安排或穿插进行有益于发展幼儿灵活应变能力、精确能力、协调能力的游戏内容，如“老鹰捉小鸡”游戏中的躲闪动作，用拍皮球进行计时赛，用球拍端乒乓球过独木桥等。

2. 趣味性原则

体育游戏的趣味性是体育游戏具有生命力的重要因素。因此，应根据幼儿年龄特点选择他们熟悉和喜爱的角色，安排简单有趣的情节，使幼儿对体育游戏十分感兴趣。教师要不断收集体育游戏素材，积累创编和运用体育游戏经验，通过各种角色的吸引、运动器械的创新和多变，以及游戏方法和规则的推陈出新，创编出丰富多彩、新颖有趣的体育游戏。

3. 智慧性原则

教师在设计体育游戏的过程中，应该在规则允许的范围内尽可能多地留有完成游戏的多种方法的选择余地，这样就能不断地拓展幼儿的想象空间和创造空间，提高他们的智力水平。如果一种体育游戏只有一种完成方法，就很难说它是一项好的体育游戏，同样是“穿山洞”“过障碍”“走下坡”，就应该有不同的“穿”法、“过”法和“走”法。这正是优秀体育游戏的价值所在。

4. 教育性原则

体育游戏的教育性原则主要体现在培养幼儿自信、自强的品质和团结友爱的集体主义精神及优良道德风貌的塑造上。一项好的体育游戏应该既能表现个人价值，又能体现集体力量。因此，在设计体育游戏时，教师应有意识地把个人项目与集体项目有机结合在一起，既不搞单一的个人项目游戏，也不搞纯粹的集体项目游戏；也就是说，所有表现个人技能的游戏最好都用组队的方式来完成。使幼儿在获得成就感（或产生失落感）的同时又能体会到集体的温暖和强大，感受到团结协作的重要性等，以利于幼儿互助观念和集体荣誉感的形成。

5. 安全性原则

幼儿控制自己行为的能力较弱，教师也无法完全事先预料游戏过程中会发生什么事情。为确保安全，必须在所有游戏道具的使用和场地布置上考虑周全。比如，整个的游戏空间、场所须确保任何尖锐的棱角和坚硬的器具，不会产生撞击情况，造成伤害。用胶、泡沫、海绵等制作的器材作为游戏的道具；游戏材料的立体高度不能太高，坡度不能太陡，诸如“平衡木”“跷跷板”之类的安装设计高度离开地面二三十厘米即可。

（二）体育游戏创编的方法和要求

（1）制定目标。制定目标是幼儿体育游戏创编最重要的一环，必须从幼儿已有的水平出发，目标必须明确具体，从发展幼儿哪些基本活动能力和哪些身体素质，培养幼儿哪些能力和良好的个性品质等几个方面来选择确定。

（2）选择内容。幼儿体育游戏是以身体活动为主要内容，可利用各种运动器械、大自然环境和材料、各种民族、民间特色来设计体育游戏活动。

（3）确定设计方法。幼儿体育游戏设计可以从角色、情节，结合游戏名称、活动方式、动作过程、规则、结果等入手。角色是幼儿体育游戏中不可缺少的重要部分。在比较简单的幼儿体育游戏中，可以只设计一个角色；在较复杂的幼儿体育游戏中，可选择多个角色；情节可以以幼儿的生活素材、童话故事等为题材；游戏规则应力求简单、具体、明确，有利于游戏的开展与进行。

（4）幼儿体育游戏方案的格式。游戏的名称，适用于哪个年龄阶段的幼儿，游戏的目标，游戏的准备（包括场地、器材、能力基础），游戏的规则，注意事项及活动建议，场地示意图等。

（三）体育游戏组织与实施步骤

1. 游戏前的准备

（1）熟悉游戏内容，科学制订计划。深入了解游戏的目标、活动过程、规则等内容，掌握幼儿身心健康状况、智力情况，结合幼儿年龄特点和动作发展、身体素质等现有发展水平制订计划。计划应包括目标、内容、教学重难点、组织教法和教学步骤。

（2）规划游戏场地，备齐玩教具。根据游戏开展的实际需求规划游戏场地，如场地大小、位置，是否需要明确的游戏界线；游戏用的玩教具数量和种类是否足以满足游戏需求，相关器械是否安全等。

（3）其他准备工作，提前培养游戏开展所需的幼儿已有经验。例如，游戏要根据儿歌开展，需要提前教幼儿儿歌；游戏中涉及的主要角色或基本动作，需要提前让幼儿有印象等。

2. 游戏开始

（1）集合幼儿。集合幼儿时，教师要在短时间内，用简便的方法集中幼儿的注意力，将他们组织起来是保证游戏顺利进行的前提，可通过出示玩具、头饰、利用信号（拍手、摇铃鼓等）或组织过渡性游戏集合幼儿。

（2）分队（组）和分配角色。分队（组）和分配角色时，可通过教师分配法、点将法、报数法、自由结合法等合理分组。

（3）讲解新游戏。讲解新游戏时，教师一般要把游戏的名称、游戏中的角色、游戏的玩法、规则与要求向幼儿讲明。其中，特别是玩法、规则与要求要讲清楚，否则会影响游戏的顺利进行。教师讲解要运用生动、形象的语言，可结合示范进行。

（4）观察指导。幼儿游戏时，教师要全面与个别相结合地观察幼儿，并运用鼓励、引导、参与、帮助、纠正、保护等具体手段指导幼儿。

（5）小结讲评。教师对游戏进行阶段性小结讲评，鼓励幼儿继续游戏。

3. 游戏结束

游戏结束提前或延迟，其效果都不好，因而在幼儿感到满足并还有余兴的情况下，是游戏结束的最好时机。结束时，教师可通过整理活动、讲评等方式进行。

五、思想政治素养养成

体育游戏不仅能促进幼儿身心健康发展，也是一种文化的传递，它承载了许多人快乐的、珍贵的回忆，请看完以下案例，回忆自己的童年体育游戏，谈谈自己的感受。

那些年的体育游戏

扔沙包

童年时你玩过印象最深的体育游戏是哪个？相信不少人都会说出“扔沙包”。家住北京的江威，在童年时最喜欢的就是“扔沙包”游戏，现在当他回忆起童年玩“扔沙包”的情景，依旧是历历在目。

作为一名“80后”，江威从小生活在北京的一座四合院中。放学后，他总会约上邻居家的小伙伴，在胡同中玩“扔沙包”。他说：“我们小时候管扔沙包叫作‘砍包’，大家分成两组，一组扔包，一组躲包。扔包的分站场地两边，躲包的站在中间，扔包的轮流扔向中间躲包的人，如被砸中就退下，如果躲包的人接住沙包，则多一条命。虽然规则比较简单，但是大家玩儿起来非常开心。如今我已经三十二岁了，倘若有一天能把小时候的伙伴都聚到一起，再玩玩扔沙包肯定特有意思。”

打陀螺

经过公园，听到“啪啪”的鞭声响起，只见几个笨重的木质大陀螺立在地上，被鞭子抽着依次快速转动起来。停留在不少人儿时回忆中的“打陀螺”，如今又重新转回到人们的视野，各种材质，型号，颜色的陀螺在市面上销售，满足不同人的需求。

这项体育游戏曾占据了李军的童年时期。“我们小时候玩具特别少，也没有很多动画片可看，不像现在的孩子各种玩具眼花缭乱，就拿陀螺来说，我儿子各种颜色，大小的陀螺有十几个，都是用发射器发射的那种。”

在玩具设施匮乏的年代，人们很会变着花样自找乐趣，打陀螺只是其中一项自娱自乐性的体育活动，在当时的孩子中却很流行。那时李军在下午放学或每周的星期六和星期天，不用人喊，一定会跑到广场上，拿着陀螺操练起来，等待着其他伙伴集合。“说是广场其实就是一片平地，平时很多人在那儿玩，是我们孩子的乐园，也是我们的陀螺世界。我们先到的几个先抽起来，时不时有其他伙伴加入。”

李军说：“我舅舅是木匠，我的陀螺都是他给做的，平时一起比赛打陀螺也有炫耀谁的陀螺做得好的意思。我舅舅是木匠手艺肯定没的说，木质的陀螺打磨得光滑匀称，能转很久。”李军记忆中的打陀螺是可以玩出很多花样的，有的人能把陀螺打得跳跃式前进，也能把陀螺从地面上打到石桌上去，还有的能把陀螺打到几米外去，仍然在转。“我们那时，打陀螺有一人独抽和多人一起玩的。在多人参与中相互‘斗’才有意趣，就是两两相撞，以把对方的陀螺弄倒为乐。”

滚铁环

说到“滚铁环”，相信不少人童年时都玩过。手中拿着一支一头被弯成“U”形的长柄，用其推动圆圆的铁环，倘若在铁环上安装一两个小的铁圈儿，滚动时则会发出“叮叮当当”的声音。

今年已过不惑之年的贾卫华从小就经常玩滚铁环，小时候家里没有什么玩具，父亲就用粗铁丝给他做了一个铁环。如获至宝的他每天都会拿着这件心爱的玩具到院子里去玩，久而久之他渐渐成了一名滚铁环的高手。柏油路、土路、过障碍，不论什么情况似乎都难不倒他。

贾卫华说：“上小学的时候学校开运动会，滚铁环曾经还是一个项目，那时我还得过第一名，给班里赢过一个足球哩。后来随着年龄越来越大，玩滚铁环的机会也越来越少，但是心里还常常想起曾经的情景。”

滚铁环作为一项体育游戏，玩法也比较多，不仅器材价格低廉，而且对场地要求不高，通过游戏可以锻炼人们的平衡性及健康的体魄，对于现在的青少年儿童来说，同样是一种很好的运动方式。

（资料来源：根据国家体育总局官网整理）

六、任务实施

任务工作单 1

班级：__________　　姓名：__________　　学号：__________

引导问题：

和同伴说一说你组织过的体育游戏。

游戏名称：

游戏玩法：

游戏效果：

我的感悟：

任务工作单 2

班级：__________ 姓名：__________ 学号：__________

引导问题：

认真学习“相关知识链接”的内容，梳理体育游戏组织与实施步骤。

实施阶段	具体内容	重点
游戏准备		
游戏过程		
游戏结束		

任务工作单 3

班级：__________　　姓名：__________　　学号：__________

引导问题：

和小组成员共同组织班上同学玩一玩任务 1 中你们设计的游戏，记录下组织的情况，并再次完善游戏方案。

游戏名称	
组织时间	
同学评价	
我们的反思	
方案改进	

七、评价反馈

<table>
<tr><td>班级</td><td></td><td>姓名</td><td></td><td>学号</td><td></td><td>日期</td><td></td></tr>
<tr><td>评价指标</td><td colspan="5">评价内容</td><td>分值</td><td>得分</td></tr>
<tr><td>信息检索能力</td><td colspan="5">是否能有效利用网络、图书等资源查找相关信息，能将查到的信息有效地运用到学习中</td><td>5分</td><td></td></tr>
<tr><td rowspan="2">参与态度</td><td colspan="5">是否积极主动与教师、同学交流，相互尊重、理解，与教师、同学之间是否能保持多向、丰富、适宜的信息交流</td><td>5分</td><td></td></tr>
<tr><td colspan="5">是否能处理好合作学习和独立思考的关系，做到有效学习；是否能提出有意义的问题或发表个人见解</td><td>5分</td><td></td></tr>
<tr><td>学习方法</td><td colspan="5">学习方法是否科学、适宜，能进一步提升学习能力</td><td>5分</td><td></td></tr>
<tr><td rowspan="4">知识、能力获得</td><td colspan="5">是否重视体育游戏和民间体育游戏</td><td>10分</td><td></td></tr>
<tr><td colspan="5">是否掌握了体育游戏方案设计、创编、组织和实施的相关知识</td><td>15分</td><td></td></tr>
<tr><td colspan="5">是否能分析和评价幼儿体育游戏</td><td>20分</td><td></td></tr>
<tr><td colspan="5">是否能设计、组织、实施幼儿民间体育游戏</td><td>20分</td><td></td></tr>
<tr><td>思维态度</td><td colspan="5">是否能发现问题、提出问题、分析问题、解决问题、创新问题</td><td>10分</td><td></td></tr>
<tr><td>自评反馈</td><td colspan="5">是否按时按质完成任务；是否较好地掌握了知识点；是否具有较强的信息分析能力和理解能力；是否具有较为全面、严谨的思维能力，并能条理清楚地表达成文</td><td>5分</td><td></td></tr>
<tr><td colspan="6">评价成绩</td><td colspan="2"></td></tr>
<tr><td colspan="4">评价人：</td><td colspan="4">评价时间：</td></tr>
</table>

项目三　基本体操

任务1　基本体操的内容

一、任务描述

为进一步推动学校体操运动开展，让全民健身再上新台阶，12月19日，2023年贵州省第四届校园体操大赛在榕江县体育馆开幕。来自贵州省各校的500多支参赛队齐聚榕江县，共展体操之美，扬运动之风。据介绍，本次比赛设幼儿园、小学、中学、高职高专、大学等5个组别，分基本体操、艺术体操、啦啦操、街舞等4个项目。其中，部分项目使用跳绳、圈、球和带等器械展开激烈角逐。

对幼儿来说，开展体操活动是否必要，请谈谈你的看法。

二、学习目标

（一）知识目标

（1）知晓幼儿基本体操的组成要素。

（2）掌握三种幼儿基本体操的内容及要求。

（二）能力目标

能分辨各年龄阶段幼儿基本体操类型、特点。

（三）素质素养目标

（1）重视体操对幼儿身体发育的重要价值。

（2）愿意参与体操锻炼活动。

三、重难点

（1）重点：幼儿基本体操的内容及要求。

（2）难点：小班、中班、大班基本体操不同特点的分辨。

四、相关知识链接

（一）幼儿基本体操的概念

幼儿基本体操是指幼儿通过身体各部位动作的协调配合，根据人体各部位运动的特点，按照一定的程序，有目的、有节奏地进行各种举、摆、绕、振、踢、屈伸、绕环、跳跃等一系列单一或组合动作的身体练习。

微课：幼儿体操的基本知识

（二）幼儿体操的基本知识

1. 队形、队列

排队和变换队形，也称“基本队列队形练习”。它是指全体幼儿按照统一口令，站成一定的队形做协调一致的动作。各年龄阶段幼儿排队和变换队形能力的发展有所不同。

小班幼儿很多是初次过集体生活，还没有形成集体意识，不习惯集体生活，不懂得排队，更不理解队形变换。练习排队时，往往都愿意站在前面当排头或争着站在教师身边，前后左右的位置有时搞不清楚。经过练习能在教师的引导下改变站立的方向、移动和停止，但在排队时幼儿不能很好地集中注意力听口令、做动作。到小班后期幼儿能够听口令做一些简单的动作，初步掌握一路纵队走成圆形队，但幼儿的注意力易分散，他们的方向、位置和距离等空间知觉发育不完全，以致不易保持队形，需要教师经常提醒。

中班幼儿已逐渐习惯于集体生活，他们的空间知觉有了初步的发展，能够听从口令做一些基本的排队和队形变换（如切段分队）。

大班幼儿能以自身为标准辨别左右，集体意识和空间知觉有明显发展，并能掌握一些较复杂的队形变换，如分队走、并队走、螺旋走、开花走等。

2. 幼儿基本体操的类型与特点

幼儿操可分为模仿操、徒手体操、轻器械体操三种类别。

模仿操是将日常生活中常见到的各种活动、成人的劳动、自然界的各种现象、动物的动作与姿态，或是军事训练中的动作等挑选出来，编成很形象的体操动作，让幼儿进行模仿练习，有目的、有针对性地来促进幼儿身体的发展。模仿操不仅适合于年龄较小的幼儿做，而且深受幼儿的喜爱。

模仿操又可分为动物模仿操、游戏模仿操、运动模仿操、生活模仿操、劳动模仿操、军事模仿操等。如模仿拍皮球、洗手绢的动作，模仿摘苹果、射击的动作，模仿太阳高照、刮大风的自然现象，模仿小兔跳、小鸟飞、大象走的动作等。模仿操的特点是：形象性强，常常与儿歌相配合，幼儿容易理解、记忆；对动作准确性的要求不高，只要模仿得像即可，幼儿容易学会和掌握；形式和内容丰富多样，自由活泼，幼儿可以自由发挥。

徒手体操是指幼儿通过头颈、上肢、下肢、躯干等部位的协调配合，根据人体各部位运动的特点，按照一定的程序，有目的、有节奏地进行各种举、振、屈与伸、转、绕与绕环、蹲、跳跃等一系列单一或组合动作的身体练习。

徒手体操可分为：徒手操、拍手操、健美操、韵律操、武术操等。徒手体操的特点：身体姿势端正，队列排得较整齐；做操动作的方向和角度要集体基本保持一致；动作要有节奏、要合拍，并要尽可能正确和准确等。

轻器械体操，是指在幼儿徒手体操的基础上，手持较轻的器械做的各种体操动作。轻器械体操除了具有徒手体操的动作要求以外，还需要根据所持器械的特点，做一些特殊的体操动作，如哑铃操需要做各种击铃动作，小旗操需要做刚劲有力的挥臂动作，铃鼓操需要做拍鼓、摇铃的动作，球操需要做托球、举球的动作等。轻器械体操，可分为手持轻器械体操和辅助轻器械体操。

幼儿常做的手持轻器械体操有：哑铃操、小旗操、手铃操、球操、铃鼓操、圈操、棍棒操、花操、彩带操等。也可以利用一些废旧物品或生活用品来做操，如易拉罐操、纸棒（板）操、树叶操、手绢操、扇操、泡沫板操、救生圈操、皮筋操、筷子操等。

轻器械体操的特点：提高了动作的难度，加大了体操的运动量；具有色彩、声响及动作的多变性，易激发幼儿兴趣；能培养幼儿愉快、活泼的情绪。

表5–1　幼儿基本体操特点

班级	体操类型	节数	拍数	节奏	活动量
小班	以模仿操、拍手操为主	每套4～5节	4个4拍或2个8拍	较慢	较小
中班	徒手操为主并加入简单的轻器械操	每套5～6节	2个8拍	有快有慢	增大
大班	既要有徒手操，又要有轻器械操	每套6～8节	4个8拍	有快有慢，变化多样	较大

五、思想政治素养养成

从以下国家艺术体操队获得成功的事迹中，谈谈你受到的启发。

中国艺体“五朵金花”在东京演绎“敦煌飞天”

2008年中国艺术体操队在北京奥运会夺得银牌之后，在接下来的两届奥运会中成绩都不太理想。2018年底，中国艺术体操队破釜沉舟组建了一支全新的队伍，开启了备战东京奥运会之路。

前往敦煌采风、深入芭蕾舞团学习……中国艺术体操队势必在东京惊艳亮相，将中国优秀传统文化之美、东方古风之美淋漓尽致地展现出来。郭崎琪、郝婷、黄张嘉洋、刘鑫、许颜书，五位平均年龄不到22岁的中国姑娘，在东京创造了历史。

在真正备战东京奥运会的一年多时间里，姑娘们每天起早贪黑地训练。教练组对她们的要求也越来越严苛，临近比赛还在反复修改动作，精益求精。“这对我们来说可能有点压力，但最后还是听教练的，只要我们多练，敢做，就一定不会失望。”队长刘鑫说。

成功的背后怎么少得了汗水和泪水。姑娘们说，练习累了倦了，大家可能会边吃饭边哭、边洗澡边哭，但是每个人都要对自己负责，对团队负责，第二天醒来又是全新的一天，全力以赴把每一天练好。

经过几年的卧薪尝胆，中国艺术体操队在东京赛场上既取得了历史性的重大突破和进步，也向外界传递了奥运拼搏精神。

（资料来源：新华社：《中国艺体“五朵金花”在东京演绎“敦煌飞天”》，新华社客户端2021年8月8日）

六、任务实施

任务工作单 1

班级：__________　　　　姓名：__________　　　　学号：__________

引导问题：

请以思维导图的形式归纳整理“幼儿基本体操的类型及各自特点”的内容。

任务工作单 2

班级：__________ 姓名：__________ 学号：__________

视频：幼儿园早操

引导问题：

（1）扫码观看幼儿园早操视频，判断视频中幼儿的年龄阶段及体操类型，小组代表说出判断的依据和理由。

视频 1	视频 2	视频 3

（2）讨论并记录每个视频中幼儿体操的特点。

小班	中班	大班

任务工作单 3

班级：__________　　　　姓名：__________　　　　学号：__________

引导问题：

收集现实生活中幼儿园模仿操、徒手操、器械操案例（早操名称、做操时间安排等）。

七、评价反馈

<table>
<tr><td>班级</td><td></td><td>姓名</td><td></td><td>学号</td><td></td><td>日期</td><td></td></tr>
<tr><td>评价指标</td><td colspan="5">评价内容</td><td>分值</td><td>得分</td></tr>
<tr><td>信息检索能力</td><td colspan="5">是否能有效利用网络、图书等资源查找相关信息，是否能将查到的信息有效地运用到学习中</td><td>5分</td><td></td></tr>
<tr><td>学习态度</td><td colspan="5">是否积极主动与教师、同学交流，相互尊重、理解，与教师、同学之间是否能保持多向、丰富、适宜的信息交流</td><td>5分</td><td></td></tr>
<tr><td>学习方法</td><td colspan="5">是否能运用信息平台学习，完成线上学习任务</td><td>15分</td><td></td></tr>
<tr><td rowspan="3">学习成效</td><td colspan="5">是否知道基本体操的概念及其他基本知识</td><td>10分</td><td></td></tr>
<tr><td colspan="5">是否掌握幼儿基本体操的相关知识</td><td>10分</td><td></td></tr>
<tr><td colspan="5">是否能分辨不同类型体操的特点</td><td>20分</td><td></td></tr>
<tr><td>健康观</td><td colspan="5">是否认同幼儿体操对幼儿的意义，重视幼儿身心健康</td><td>10分</td><td></td></tr>
<tr><td>课后作业</td><td colspan="5">是否能按时完成课后作业，保质保量填写任务工作单</td><td>20分</td><td></td></tr>
<tr><td>自评反馈</td><td colspan="5">是否按时按质完成任务；是否较好地掌握了知识点；是否具有较强的信息分析能力和理解能力；是否具有较为全面、严谨的思维能力，并能条理清楚地表达成文</td><td>5分</td><td></td></tr>
<tr><td colspan="6">评价成绩</td><td colspan="2"></td></tr>
<tr><td colspan="4">评价人：</td><td colspan="4">评价时间：</td></tr>
</table>

任务2　幼儿早操的创编

一、任务描述

幼儿早操既是幼儿体育活动的一种重要组织形式，也是幼儿一日活动的重要环节，组织早操活动是幼儿园教师的专业技能之一。正值六一儿童节来临之际，幼儿园为了增加教师对幼儿动作发展的了解程度，提高教师对幼儿早操的理解和兴趣，同时也为了更新目前幼儿园使用的早操，开展了幼儿早操创编大赛。

假如你是该幼儿园的教师，接到幼儿园的幼儿早操创编大赛通知后，你会如何准备着手创编一套本班的幼儿早操?

二、学习目标

(一)知识目标

(1)知道幼儿早操的结构。

(2)了解幼儿小班、中班、大班早操的特点。

(3)掌握幼儿早操创编的步骤与方法。

(二)能力目标

能根据各年龄阶段幼儿体操特点创编适宜的体操。

(三)素质素养目标

(1)小组合作完成幼儿早操创编，具备团结协作的良好品质。

(2)耐心修改幼儿早操创编方案，养成精益求精的职业精神。

三、重难点

(1)重点：幼儿早操的结构、幼儿早操创编的步骤。

(2)难点：幼儿早操创编。

四、相关知识链接

知识拓展：幼儿早操的结构和特点

(一)幼儿早操的概念

幼儿早操是以基本体操为主要内容的一种体育活动形式，是锻炼幼儿身体，增进幼儿体质的有效手段。它能增强幼儿运动系统和心脏器官的功能，加强幼儿的节奏及动作的协调性、准确性和控制力；尤其对锻炼幼儿良好的身体姿态，养成积极参加体育锻炼的良好习惯和态度，提高身体对自然环境的适应能力等方面，有着独特的作用。

（二）幼儿早操创编的步骤

微课：幼儿早操创编的步骤

1. 确定操名

无论具体采用何种内容的早操，或采用哪种形式的早操，都需要首先确定一个操名：球操、圈操或花样操，命名有利于建立主题。

2. 建立主题

在明确操名之后，采用形象化的方式，围绕操名，建立一个主题；然后根据主题的形式来选择动作编排、器械及音乐。例如，以圣诞节为主题、以丰硕的秋天为主题、猴操可以以“猴子学样”为主题等；通过主题的设立，建立幼儿运动和活动时的一种意境，可以有效增强幼儿运动和参与早操的兴趣。

3. 创编动作

以年级为单位，由教师集体创编具体的早操内容和具体的早操动作细节，同年级组，早操动作和音乐相同；也可以依据幼儿园的不同情况，大中班音乐相同，早操内容可以不同；大班、中班和小班早操内容是否相同，应注意幼儿的年龄特征和幼儿园场地特点，一般而言，大班、中班和小班早操内容与音乐应采用不同的种类，因为每个年龄组幼儿的大动作技能发展、体能发展和运动能力均不同。

4. 选择音乐

确定操名、建立主题和创编好早操后，就应该选择合适的与早操主题相应的音乐；使用音乐，可以建立一种音乐形象或一种运动意境，帮助与激发幼儿提高运动和做早操的参与意愿，并在音乐背景中达成愉快运动目的。

5. 教师会操

早操的创编，常常不是一次就成功的。在早操编好后，教师会操的目的之一，就是一起讨论早操的创编，是否适合幼儿，并及时做出修正或调整；同时，会操的另一个目的就是通过会操可以在一个年级组，统一早操的动作、统一领操的口令（语言的、哨音的和手势的）及统一教给幼儿早操动作时的动作要领（重点与难点）；此外，会操也可以使教师本身十分明确所编排的早操动作对于幼儿体能发展的作用等。

（三）幼儿早操动作创编的方法

微课：幼儿早操动作创编方法

1. 动作设计

幼儿早操动作包括头颈、上肢、下肢、躯干等不同部位的动作，因此我们先要了解身体各部位的基本动作。

头部动作。屈：前屈、后屈、侧屈。转：左转头、右转头。绕环：向左绕环、向右绕环。

上肢动作。臂举、摆、屈、伸：前、后、上、侧、斜上、两臂同侧。臂绕环：向前、向后、向内、向外、同侧绕环、前臂绕环等。臂侧开：前举侧开扩胸、前平屈侧开扩胸、前举交叉侧开扩胸。

下肢动作。腿的举、摆：向前、向后、向侧、向异侧举、踢腿等。腿屈伸：半蹲起立、全蹲起立、单腿蹲起、前后侧压腿、半劈腿、纵横叉等。腿移动：前后侧点地，前后、左右开立。前后侧弓步。

跳跃动作。单腿跳：交换跳、点地跳、转身跳、移动跳、踢腿跳。

双腿跳：原地纵跳，前后、左右开合跳，前后交换跳，左右交叉跳，转身跳，移动跳，向上跳，蹲跳。

躯干动作。上体屈伸：体前后屈，上体左右侧屈等。转体：身体向左右转体。体绕环：上体向左绕环、向右绕环。体侧倒：上体向前后侧倒，俯仰侧撑，侧平衡，燕式平衡等。

2. 单个和单节动作的创编方法

（1）组合法。组合法是指将身体各个部位、各种类型的动作进行组合的方法。组合形式有两种。

①身体同一部位做相同和不同类型的动作组合。（以手臂动作为例：相同——1—2两臂屈肘手放体后，3—4还原，5—6两臂前平举，7—8还原；不同——1—2左臂侧平举，3—4还原，5—6右臂侧平举，7—8还原。）

②身体不同部位做相同和不同类型的动作组合。（以腿、手臂动作为例：相同——1—2两手叉腰同时屈膝，3—4还原，5—6同1—2，7—8还原；不同——1—2两手叉腰，同时左脚点地，3—4还原，5—6两手叉腰，同时右脚点地，7—8还原。）

（2）模仿法。模仿法如模仿小企鹅、小鸭子、解放军敬礼等。

（3）改变节奏法。改变节奏法如1—2两臂前平举，同时屈膝，3—4还原，可以改变成1—两臂前平举，同时屈膝，2—还原。

（四）教师带操要求

知识拓展：幼儿早操创编的原则

（1）教师提醒并检查幼儿是否做好早操前准备（冬季需要脱掉外衣、取下围巾、手套等），检查衣服、鞋子是否穿好。

（2）精神饱满、有活力。教师精神饱满地组织早操活动，口令规范，示范正确。定期变化带操的站位，面向全体幼儿，也可指导中班、大班幼儿轮流带操。

（3）教师在带操中要注意与幼儿交流、互动，观察幼儿的活动情况，帮助有困难的幼儿，随时观察幼儿早操情况，做到三看（看情绪、看动作质量、看动作力度）、三提示（提示动作、提示增减衣物、提示运动卫生及安全）。

（4）教师穿戴符合早操活动要求（不穿高跟鞋、不穿裙子、衣服长短适中、不披发）。

（5）领操的教师，位置不固定。在幼儿做早操过程中，领操的教师位置不固定的益处之一，就是要求每个教师均需要十分熟悉早操的过程和每一个动作要领，这可以使教师在平时带领幼儿练习早操时，真正让幼儿准确掌握每一个早操动作。此外，在幼儿做早操时，有一名教师领操，并非其他教师在一旁观看，在一名教师领操时，其他教师（尤其是带班教师）应选择合适的站位（教师站位）在幼儿队列中参与做早操：这既可以给予幼儿一个良好的示范，也有利于教师在参与做早操过程中，观察幼儿和与幼儿建立良好的师生关系。

（6）教师在领操过程中，以手势指挥幼儿时，手势不固定。教师在领操过程中使用的手势、哨音或简短的语言命令，对于幼儿而言，均是一种指令性的刺激，简单地说，是使教师的手势、哨音或简短的语言命令等与幼儿的早操动作与做操的过程，建立一种刺激与反应的条件反射：刺激—反应。在教师领操过程中，各个幼儿园的领操教师的手势是否需要固定为一种模式不是问题的关键，这个问题的关键是，幼儿能够真正理解某个领操教师的手势、哨音或简短的语言命令等这种指令性的刺激，并在这种指令性刺激的作用下，跟随教师的手势、哨音或简短的语言命令，完成自己的动作或整个早操。

因此，各个幼儿园领操教师的手势动作，可以根据各个幼儿园自身的特点合理安排，不必模仿其他幼儿园领操教师的指令性手势；或者，在不同的幼儿园，教师无须刻板地固定模仿一种其他幼儿园教师的手势动作。但是，在一所幼儿园中，无论哪位教师领操，这种手势、哨音或简短的语言命令等指令性的刺激必须固定。

五、思想政治素养养成

阅读材料，结合所学知识，谈谈体操对幼儿发展的价值有哪些。

邹凯：让更多孩子在快乐体操中受益

即将成为父亲的“奥运五金王”邹凯心里装着很多孩子。到幼儿园推广快乐体操、举办“邹凯杯”四川省幼儿基础快乐体操比赛，他都会俯下身来，和幼儿“套近乎”。

邹凯和体操打交道的时长接近他的年龄，20多年的经验让他了解体操作为奥运项目长久保留的原因，也知道什么年龄的幼儿最适合通过体操来锻炼身体。怎样让快乐体操和全民健身相结合，让幼儿在通过接触快乐体操实现锻炼身体、愉悦身心的目的，成了邹凯思考的新问题。为此，邹凯开始接触幼儿园的教师，了解幼儿园幼儿对体育运动的需求和喜好。

在和幼儿园工作人员的接触中，邹凯发现开设快乐体操课程师资是一个问题。为此，四川省体育协会举办幼儿体操教师培训，并举办赛事，让幼儿在展示和比赛中获得成就感。

以前，作为奥运冠军的邹凯关注自己的训练成绩；现在，作为政协委员的邹凯则关注幼儿是否在享受体育运动。“当孩子做着体操动作，我从他们眼中看到的是快乐；当家长看到孩子在幼儿园学习快乐体操，他们不仅没有疑虑，还很支持孩子。更多孩子热爱体育，在体育中获得快乐，才能发现更多优秀的体育人才。青少年体育的发展，既是对竞技体育的支持，也是对百姓身体的负责。”

无论是对所有的幼儿，还是对自己未来的孩子，邹凯都希望他们能享受体育带来的快乐。

（资料来源：中青在线：《邹凯：让更多孩子在快乐体操中受益》，http://news.cyol.com/yuanchuang/2019-02/28/content_17931635.htm）

六、任务实施

任务工作单 1

班级：__________　　姓名：__________　　学号：__________

引导问题：

小组合作，自选年龄阶段，做好创编幼儿早操的准备：记录当前季节、社会背景、幼儿情况分析等，并拟定早操名称。

任务工作单 2

班级：__________　　姓名：__________　　学号：__________

引导问题：

按照幼儿早操创编的结构和步骤，小组合作创编一套幼儿早操，记录以下信息。

①早操的类型、节数、拍数。

②本组创编早操的热身环节：热身环节选取的音乐是什么？具体动作是什么？

③本组创编早操的体能大循环环节：准备使用哪些器材？如何布置场地？

④本组创编早操的基本体操部分：每一节的动作设计是什么？准备选取哪些音乐？

⑤本组创编早操的放松环节：准备选取哪些音乐？动作设计是什么？

任务工作单 3

班级：__________　　　　姓名：__________　　　　学号：__________

幼儿早操创编实训评价表

引导问题：

对创编的幼儿早操进行实操，用视频记录分享，并扫描右侧二维码查看评价表，对其他小组创编的幼儿早操进行评价。

七、评价反馈

班级		姓名		学号		日期	
评价指标	评价内容					分值	得分
信息检索能力	是否能有效利用网络、图书等资源查找相关信息，是否能将查到的信息有效地运用到学习中					5分	
学习态度	是否积极主动与教师、同学交流，相互尊重、理解，与教师、同学之间是否能保持多向、丰富、适宜的信息交流					5分	
学习方法	是否能运用信息平台学习，完成线上学习任务					15分	
学习成效	是否知道幼儿早操的结构					10分	
	是否掌握不同年龄阶段幼儿早操的特点					10分	
	是否能根据各年龄阶段幼儿体操特点创编适宜的体操					20分	
健康观	是否认同幼儿体操对幼儿的意义，重视幼儿身心健康					10分	
课后作业	是否能按时完成课后作业，保质保量填写任务工作单					20分	
自评反馈	是否按时按质完成任务；是否较好地掌握了知识点；是否具有较强的信息分析能力和理解能力；是否具有较为全面、严谨的思维能力，并能条理清楚地表达成文					5分	
评价成绩							
评价人：				评价时间：			

项目四　体育活动

任务1　体育活动的内容

一、任务描述

在一次户外幼儿集体体育活动中，教师投放了新自制的玩具“大荷叶”，幼儿想要顺利通过小河，就要模仿小青蛙的动作从“大荷叶”组成的小桥上跳到对岸去。幼儿对这个活动非常感兴趣，都跃跃欲试。但在活动中，只有少数幼儿能跳到“大荷叶”上顺利到达对岸，大部分幼儿无法完成任务，很快幼儿就没了兴趣。这时教师才发现，问题出在“大荷叶”之间的距离上。由于有的“大荷叶”之间距离太远，幼儿双脚跳不了太远距离，导致活动无法顺利进行。

想一想，该教师在设计此活动时，出现了什么问题？一个既让幼儿感兴趣又能促进发展的体育活动，教师在设计时应该考虑哪些因素呢？

二、学习目标

（一）知识目标

（1）理解幼儿体育活动意义。

（2）掌握幼儿体育活动方案的基本结构与组织方法。

（二）能力目标

（1）能根据幼儿年龄发展特点撰写适宜的活动目标。

（2）能设计一份科学完整的幼儿体育活动方案。

（三）素质素养目标

（1）小组合作设计、完成活动方案，形成团结协作的良好品质。

（2）关心、关注幼儿身体动作发展，认同幼儿集体体育活动的价值。

三、重难点

（1）重点：幼儿体育活动的基本结构与组织方法。

（2）难点：幼儿体育活动具体活动目标撰写、方案设计。

四、相关知识链接

（一）幼儿体育活动的含义

幼儿体育活动是幼儿身体锻炼活动的方式之一，是指幼儿在教师有目的、有计划指导下，发展动作、增强体质、增长知识、培养品德、发展能力和形成个性的过程。

（二）幼儿园体育活动总目标

幼儿园体育活动总目标是指培养幼儿参加体育活动的兴趣和习惯，促进幼儿身心正常、协调地发展，增强体质。另外，幼儿园体育应“在体育活动中，培养幼儿坚强、勇敢、不怕困难的意志品质和主动、乐观、合作的态度”，发展幼儿活泼开朗的个性，并在活动中逐步养成良好的运动卫生习惯和安全意识，提高幼儿的自我保护意识和能力。这也是幼儿园体育活动不可或缺的重要目标。

微课：集体体育活动的设计与组织

（三）体育活动设计与组织注意事项

1. 活动目标制定

（1）活动目标应着眼于幼儿的发展。活动目标应适应幼儿的已有发展水平和促进幼儿达到新的发展水平。不同的幼儿有不同的需要和经验，教师在制定活动目标时，要研究和把握本班幼儿的身心发展的实际水平，发展需要和兴趣经验。

（2）体育活动目标的内容和要求，在方向上应与总目标、年龄阶段目标相一致。每个具体教育活动目标的设计，最直接的依据是年龄阶段目标，要根据幼儿的年龄特征和发展水平，由浅到深、循序渐进地提出目标，使幼儿从具体到抽象、从直接到间接地获得经验。使各层次目标相互衔接，以促进幼儿的整体发展。

（3）目标的内容应包含认识、情感态度和能力三个方面。虽然不同教育活动的教育目标有所不同，且有各自的重点目标，但总体而言，除了突出本活动的重点目标外，还要兼顾其他方面的目标，挖掘活动内容的多种教育价值。体育教育活动的目标原则上应包括情感态度目标、认知目标、行为技能目标三个方面的内容。但并不意味着每个活动都需要在上述三个方面确定目标。

（4）目标用词及目标表述。在拟写具体活动目标时，应该以幼儿作为行为的主体而非教师，在目标用词上应简洁清晰、准确具体，具有可操作性，可测量性，在目标表述上应尽量使用动宾结构的短语，表述目标的结果而不是表述过程或方法，目标条目不宜过多，一般2～3条。

2. 活动准备安排

活动准备安排主要包括物质条件和环境创设、幼儿知识经验和心理准备等，一般需要以简图的方式将体育活动的场地布置表示出来。

3. 活动过程设计

（1）开始部分——热身活动。热身活动的主要目的是将幼儿进行活动前的组织，集中他们的注意力，调动其参与体育活动的积极性；同时，克服身体各器官、组织的惰性，提高其活力，为下面的体育活动做好适应性准备，让身体各部位充分而全面地活动起来。热身活动的主要内容有排队集合，向幼儿说明活动的主要内容和要求；根据练习活动的需要，做一些有针对性的准备活动，如投掷，要多设计上肢活动的动作；也可以开展一些运动负荷不大，有利于调动身体运动积极性的游戏、模仿活动等。 热身环节时间不宜过长，占体育教学活动总时间的10%～20%。

（2）基本部分——练习活动 。练习活动的目的在于学习新的或较难的基本动作和活动内容，巩固提高已学过的各类动作或游戏等，进而增强幼儿身体素质，提高机体运动能力和对运动的兴趣，培养良好的意志品质等。练习活动的主要内容：通过教师对动作的讲解示范或幼儿自身的探索，了解基本动作要领或游戏内容；通过徒手或带器械练习，初步掌握基本动作；通过有趣的游戏，在活动中进一步练习巩固基本动作，发展体能。一次活动一般安排1～2项活动内容，在内容安排上，教师应注意新旧搭配、缓急结合，以及对身体不同部位练习的交替进行，并与人体机能变化规律相适应。 练习活动一般占体育教学活动总时间的70%～80%。

（3）结束部分——放松活动。放松活动的目的在于有组织地引导幼儿进行放松整理，结束活动，降低大脑兴奋度，使幼儿的身体和情绪逐渐平静下来。放松活动的主要内容一般选择一些逐步降低运动负荷的活动（如较安静的游戏、轻松自然的走步、徒手放松练习、简单的舞蹈、操节及同伴间的按摩放松活动等）；教师对本次活动进行小结，评价活动情况（以正面鼓励为主）；教师组织幼儿收拾整理器械和场地等。 放松活动一般占体育教学总时间的10%左右。需要说明的是，体育教学活动的三个部分虽然有各自的目的和内容，但各部分之间是一个紧密相连的整体，都以实现教学目标为共同任务。

4. 活动延伸

好的教学活动不是止于特定的某一次活动，而是一个长期、持续的过程，特别体育活动中动作发展、能力发展、习惯的培养，活动延伸不可或缺。活动延伸的方法可以是家园共育、领域渗透、环境创设、户外活动等。

（四）幼儿体育活动设计应遵循的规律

人体在运动过程中生理机能并不是一直保持不变的，而是处于不断变化的过程中，而且大致呈现出一定的规律性，主要可分为上升、平稳、下降三个阶段。

1. 上升阶段

上升阶段包括两个过程。第一个过程是在进行身体锻炼活动前，知道或想到即将开展活动，人体在生理和心理上产生的选择性反应。一种是适应性积极反应，表现为人体血液中血糖含量的增加，心跳和呼吸加快，大脑的兴奋度提高，精神愉悦而振奋，等等，这些变化能使人体加速适应锻炼活动的需要；另一种是负性消极反应，即表现为大脑的抑制性提高，情绪低落，乏力，且动作迟缓，对活动不感兴趣。根据这一规律，教师平时必须把每次身体锻炼活动组织好，让幼儿听到要开展身体锻炼活动就产生积极的情绪。另外，在组织活动的开始部分，应想方设法激发幼儿的活动兴趣，使幼儿情绪活跃起来。第二个过程是通过适当的身体活动，克服各器官、组织的机能惰性，提高其活动能力，使其较快地达到较高水平。为此，教师在活动的开始部分应利用适当的辅助活动（热身活动或针对性的准备活动）使幼儿适应活动开始时身体活动能力较低的状态，并使身体活动的能力较快上升，以适应第二阶段活动的需要。上升阶段的变化，与人体的体质、训练水平、年龄特点及活动的内容等因素有关，其时间有长有短。因为幼儿身体各器官的惰性小，易动员，活动能力上升较快，所以开始部分活动的时间较短，运动负荷的增加稍快。

2. 平稳阶段

平稳阶段是身体各器官活动能力已达到较高水平，且能保持一段时间。这时身体活动效率高，学习的效果好，且能适应较激烈的身体锻炼活动。因此，平稳阶段相当于身体锻炼活动的基本部分，在活动展开时，宜将难度较大、较新的教材或运动负荷较大的练习内容安排在平稳阶段。一般运动负荷的高峰也出现在平稳阶段。平稳阶段持续时间的长短与幼儿的体质、训练水平、年龄、心理状态及活动内容的运动负荷和练习密度的大小等因素有关。在平稳阶段，幼儿的持续时间较成人短。因此，在平稳阶段，教师应选择合适的活动内容，并控制好练习的密度和运动负荷，既要保证运动负荷高峰的出现，又要避免因运动负荷过大或高峰过早出现致使幼儿过早发生疲劳。

3. 下降阶段

下降阶段是指身体锻炼活动进行一段时间后，由于体内能量、物质的消耗和恢复不足，身体出现疲劳，活动能力下降。这时，应停止较激烈的活动，进行一些放松活动。但是，不宜急刹车，应安排一些缓冲活动，以便幼儿较好地恢复身体机能和消除身体疲劳。

小班体育活动：
小蚂蚁运粮食

活动视频：
《趣味足球》

五、思想政治素养养成

阅读资料，谈谈对“跆拳公主——吴静钰”成长道路的看法。

跆拳公主——吴静钰

2008年，吴静钰在北京奥运会上一鸣惊人，摘得跆拳道冠军；2012年，吴静钰伦敦奥运会成功卫冕，被誉为“跆拳公主”，是一名让对手“碰之胆寒”的跆拳道高手。

而其后，2016年吴静钰折戟里约奥运会，泪洒赛场。随后退役，结婚生女，但是，她“内心从来就没有放弃过”，于是恢复训练，不停参加奥运积分赛，为的就是获取东京奥运会参赛资格。虽然未能如愿站在东京奥运会领奖台上，但能站在东京赛场上已经足够耀眼，便是不朽传奇。因为吴静钰是历史首位参加四届奥运会的女子跆拳道运动员，更因为她的执着，让人看到坚持的力量；她的信念，让人感受到体育精神的魅力。吴静钰此番失利后坦言，“对手贴上来的那一刻，感受到速度和冲击时，我知道，这就是时间的力量”“身体状态，确实还是跟年龄有关”。

追随内心，拥抱梦想；超越自我，虽败犹荣。吴静钰没有辜负自己，也没有辜负岁月，从另一个层面看，反而证明了自身的不凡，正如国际奥委会主席巴赫所称：“吴静钰是一个伟大的运动员和一个优秀的母亲。”

（资料来源：央视新闻：《热评：四次征战奥运，有一种体育精神叫坚持》，2021年7月25日）

六、任务实施

任务工作单 1

班级：__________　　姓名：__________　　学号：__________

引导问题：

找出以下体育活动中“活动目标”存在的问题，并尝试修改。

1. 培养幼儿的跳跃能力（小班：小兔采蘑菇）

修改：____

____

____

2. 激发幼儿参加体育活动的兴趣（大班：小小侦察兵）

修改：____

____

____

3. 认识沙包，学习扔沙包的动作要领（中班：沙包真好玩）

修改：____

____

____

4. 能够完成200米长跑（大班：长跑运动员）

修改：____

____

____

5. 提高幼儿的身体素质（中班：小马过河）

修改：____

____

____

任务工作单 2

班级：__________　　　　姓名：__________　　　　学号：__________

引导问题：

扫描右侧二维码，观看幼儿园体育活动视频《小小推土机》，尝试梳理活动目标和活动过程，并谈谈“小小推土机”活动的亮点。

活动视频：《小小推土机》

活动目标：   活动过程：   活动亮点：

任务工作单 3

班级：__________ 姓名：__________ 学号：__________

集体体育活动方案设计评价表

引导问题：

小组讨论商议，自选年龄班，设计一次集体体育活动。扫描右侧二维码查看评价表，完成自评。

活动名称	
年龄班	
知识链接［对应《3～6岁儿童学习与发展指南》《幼儿园教育指导纲要（试行）》等］	
活动目标	
活动重点	
活动难点	
活动准备	
活动过程	
活动延伸	

七、评价反馈

班级		姓名		学号		日期	
评价指标	评价内容					分值	得分
信息检索能力	是否能有效利用网络、图书等资源查找相关信息，是否能将查到的信息有效地运用到学习中					5分	
学习态度	是否积极主动与教师、同学交流，相互尊重、理解，与教师、同学之间是否能保持多向、丰富、适宜的信息交流					5分	
学习方法	是否能运用信息平台学习，完成线上学习任务					15分	
学习成效	是否理解幼儿体育活动的意义					10分	
	是否掌握幼儿体育活动方案的基本结构与组织方法					10分	
	是否能设计一份科学完整的幼儿体育活动方案					20分	
健康观	是否认同幼儿集体体育活动的价值，关心、关注幼儿身体动作发展					10分	
课后作业	是否能按时完成课后作业，保质保量填写任务工作单					20分	
自评反馈	是否按时按质完成任务；是否较好地掌握了知识点；是否具有较强的信息分析能力和理解能力；是否具有较为全面、严谨的思维能力，并能条理清楚地表达成文					5分	
评价成绩							
评价人：				评价时间：			

任务2　幼儿集体体育活动实训

一、任务描述

《幼儿园教育指导纲要（试行）》中指出："幼儿园要开展丰富多彩的户外游戏和体育活动，培养幼儿参加体育活动的兴趣和习惯，增强体质，提高对环境的适应能力。"幼儿集体体育活动是幼儿体育活动中一种非常重要的形式。为了提高教师的专业素养，充分调动教师创造性开展幼儿集体体育活动的积极性，全面提高活动的质量，促进幼儿身心健康和谐发展。幼儿园特此组织教师开展幼儿集体体育课的评比活动。

请思考，你准备如何着手参与幼儿集体体育课评比活动？

二、学习目标

（一）知识目标

（1）熟悉幼儿集体体育活动方案设计的评价内容。

（2）熟悉幼儿集体体育活动组织实施过程的评价内容。

（二）能力目标

（1）能合理选择材料，安排实训场地。

（2）能模拟实操幼儿集体体育活动组织实施的过程。

（三）素质素养目标

（1）积极参与小组完成方案的设计，乐于沟通，有合作精神。

（2）主动承担模拟实操中的分工任务，有自主发展意识。

三、重难点

（1）重点：幼儿集体体育活动方案设计、组织实施过程的评价内容。

（2）难点：模拟实操幼儿集体体育活动组织实施的过程。

四、相关知识链接

（一）幼儿集体体育活动组织指导注意事项

1. 发挥幼儿主体性

幼儿体育教学活动中要正确把握教学中幼儿主体地位和教师主导作用的有机结合。

教师的“教”应体现精心设计、启发诱导、科学组织，除了必要的示范外，还要十分注重情境的创设和过程的引导，使幼儿能在教师预设的情境中自主地进行探索和锻炼。同时，教师要充分尊重和满足幼儿的需要与兴趣，以平等的态度对待他们，掌握好指导的“度”，在有效的指导中促进幼儿的发展。而幼儿的“学”应体现主动探究、快乐运动，因此，教师要借助环境资源，引导幼儿积极参与活动，变“被动运动”为“主动运动”，使教师的智慧与幼儿的兴趣交织在一起，共同促进幼儿的发展。如玩滚铁环，一开始，教师不要马上示范，而是让幼儿拿着铁环当方向盘开车，或者做圈操等，随后，教师启发幼儿动脑筋：“铁环还可以怎么玩？怎样和别人玩得不一样？”由此，幼儿便会想出各种饶有童趣的玩法。在此基础上，教师又提出新的问题：“用什么东西可以代替手，使你的铁环滚起来？”于是幼儿常使用棍子、钩子等去玩铁环，在多次探索中取得成功，他们的主动性、创造性都得到了发挥。

2. 关注差异性

教师教学活动设计目标的难易主要是基于多数幼儿的一般发展水平来确定的，关注的是大部分幼儿的共性，从大部分幼儿的实际情况出发，提出要求，进行设计。但是在教学过程中，我们同样要考虑集体运动中有差异的少部分幼儿，根据他们的个体差异提出不同的要求，在组织活动中创设多层次、难易程度不同的运动环境，鼓励他们不断去尝试多种身体运动。对于身体素质很好、动作掌握得比较快的幼儿，教师可以对他们提出更高的要求，或者让他当“小老师”，帮助其他的幼儿纠正动作；对于身体较弱的幼儿，教师通过“小步子策略”慢慢提高其水平，在活动中多予以关注，并在空余时间进行单独辅导，多给予鼓励和提示，帮助他们纠正。只有这样，才能满足不同能力的幼儿个体需要，让他们都能在原有的基础上获得发展。

3. 关注幼儿活动量

在体育活动中，只有适宜的运动负荷，才能有效促进幼儿身心健康发展，更好地发展幼儿体能。否则，不仅达不到应有的健身效果，反而有损幼儿身心健康（见表5–2）。运动中的“量”主要包括练习的距离、次数、时间、间隔、密度、强度等。一般要求是“强度小，密度大，时间短，节奏强”。组织严谨，尽量减少等待，给幼儿以充分的时间进行练习。教师还要根据不同的季节、气候、环境条件，适宜地选择合适的内容、形式与方法组织幼儿体育活动，合理安排运动负荷。

表5–2　幼儿疲劳程度的表现

运动时段	观察内容	适度疲劳	中度疲劳	非常疲劳
运动中	面色	稍红	相当红	十分红或苍白
	汗量	不多	较多	大量出汗
	呼吸	中速、较快	显著加快、加深	呼吸急促、表浅，节奏混乱
	动作	动作协调准确，步态轻稳	协调性、准确性和速度均降低	动作失调、步态不稳、用力颤抖
	注意力和反应	注意力集中，反应正常	能集中注意力，但不够稳定，反应力减弱	注意力分散，反应迟钝
运动后	食欲	饮食良好，食欲增加	饮食一般，食欲略有降低	食欲降低，进食量减少，有恶心呕吐现象
	睡眠	入睡较快，睡眠良好	入睡较慢，睡眠一般	很难入睡，睡眠不安
	精神状态	精神爽快，情绪好，状态稳定	精神略有不振，情绪一般	精神恍惚，心悸，厌倦练习

4. 其他注意事项

（1）教师应做好活动前的准备工作，包括幼儿的知识准备，活动前的场地、器材和玩具的置备与布置，熟悉活动计划及做好活动前幼儿及场地的安全、卫生工作。

（2）教师的情绪、语调和姿态等将直接影响到幼儿的情绪和兴趣，因此，幼儿教师在组织和指导中，要有高度的责任心和灵活性。注意自身的言行对幼儿情绪、兴趣的影响和感染，要以积极的态度和高昂的情绪投入活动。

（3）教师要重视在活动中发展幼儿智力，并通过建立活动常规、利用活动的有关内容培养幼儿的良好品质和个性，促进幼儿身心全面健康发展。

（4）教师要注意做好活动后的复习辅导和检查评价工作，总结经验教训，不断提高自身的组织指导能力和教育质量。

大班体育活动：
小小解放军

五、思想政治素养养成

不被性别标签定义，女性教师一样能上好体育课！

网上出现一些讨论话题，认为女性教师作为幼儿园教师的主力军，似乎总在运动活动的组织上处于弱势。“没力量”“控不了场”“软弱无力”……难道，运动类课程只是男性教师的专利吗？

如何正确看待这个问题？

六、任务实施

任务工作单 1

班级：__________　　姓名：__________　　学号：__________

引导问题：

小组内开展模拟教学，通过实践反思原本的活动设计，小组讨论后再次完善活动设计。

原教案中的目标：   调整后的目标：   调整后的内容：

任务工作单 2

班级：__________ 姓名：__________ 学号：__________

引导问题：

根据活动方案，个人自主准备场地、材料，模拟实施活动过程。用文字形式记录模拟实操内容，并扫描右侧二维码查看评价表，完成自评。

集体体育活动组织评价表

实施前准备：   实施效果：   反思：

任务工作单 3

班级：__________　　　姓名：__________　　　学号：__________

引导问题：

扫描右侧二维码，阅读素材，综合幼儿发展各领域以及幼儿园活动的类型，以小组为单位，围绕主题设计主题网络图。主题网络图绘制要具有丰富性、科学性、具体化和操作性强等特点，充分考虑到幼儿的生活化、兴趣性、适宜性、主体性和家园合作等因素。［2021年全国职业院校技能大赛（高职组）“学前教育专业教育技能”赛项赛卷第10卷］

中班主题活动：快乐运动

七、评价反馈

<table>
<tr><td>班级</td><td></td><td>姓名</td><td></td><td>学号</td><td></td><td>日期</td><td></td></tr>
<tr><td>评价指标</td><td colspan="5">评价内容</td><td>分值</td><td>得分</td></tr>
<tr><td>信息检索能力</td><td colspan="5">是否能有效利用网络、图书等资源查找相关信息，是否能将查到的信息有效地运用到学习中</td><td>5分</td><td></td></tr>
<tr><td>学习态度</td><td colspan="5">是否积极主动与教师、同学交流，相互尊重、理解，与教师、同学之间是否能保持多向、丰富、适宜的信息交流</td><td>5分</td><td></td></tr>
<tr><td>学习方法</td><td colspan="5">是否能运用信息平台学习，完成线上学习任务</td><td>15分</td><td></td></tr>
<tr><td rowspan="3">学习成效</td><td colspan="5">是否能合理选择材料，安排实训场地</td><td>10分</td><td></td></tr>
<tr><td colspan="5">是否能模拟实操幼儿集体体育活动组织实施的过程</td><td>10分</td><td></td></tr>
<tr><td colspan="5">是否熟悉幼儿集体体育活动组织实施过程的评价内容</td><td>20分</td><td></td></tr>
<tr><td>健康观</td><td colspan="5">是否认同幼儿集体体育活动的价值，关心、关注幼儿身体动作发展</td><td>10分</td><td></td></tr>
<tr><td>课后作业</td><td colspan="5">是否能按时完成课后作业，保质保量填写任务工作单</td><td>20分</td><td></td></tr>
<tr><td>自评反馈</td><td colspan="5">是否按时按质完成任务；是否较好地掌握了知识点；是否具有较强的信息分析能力和理解能力；是否具有较为全面、严谨的思维能力，并能条理清楚地表达成文</td><td>5分</td><td></td></tr>
<tr><td colspan="6">评价成绩</td><td colspan="2"></td></tr>
<tr><td colspan="4">评价人：</td><td colspan="4">评价时间：</td></tr>
</table>

参考文献

[1] 麦少美，孙树珍. 学前儿童健康教育活动指导 [M]. 上海：复旦大学出版社，2007.

[2] 顾荣芳. 学前儿童健康教育论 [M]. 3版. 南京：江苏凤凰教育出版社，2009.

[3] 陈秀云，陈一飞. 陈鹤琴文集 [M]. 南京：江苏教育出版社，2007.

[4] 汪晓东，张炜，赵梦阳. 为中华民族伟大复兴打下坚实健康基础：习近平总书记关于健康中国重要论述 [N]. 人民日报(海外版)，2021-08-08(1).

[5] 杨文. 从集体教学到个别化学习：幼儿园教育改革的必然 [J]. 学前教育研究，2020(10)：81-84.

[6] 卢乐山，林崇德，王德胜. 中国学前教育百科全书：教育理论卷 [M]. 沈阳：沈阳出版社，1995.

[7] 杜长娥，张红丽. "幼儿良好生活习惯养成研究" 综述 [J]. 山东教育(幼教版)，2013(1)：36-39.

[8] 刘艳. 家园合作纠正幼儿不良行为习惯的途径 [J]. 学前教育研究，2010(6)：55-57.

[9] 庞建萍，柳倩. 学前儿童健康教育与活动指导 [M]. 上海：华东师范大学出版社，2015.

[10] 胡晓伶，徐浩，殷玉霞. 学前儿童健康教育与活动指导 [M]. 长沙：湖南师范大学出版社，2019.

[11] 李依濛. 幼儿生活与卫生行为调查研究 [D]. 长春：东北师范大学，2013.

[12] 甘晓彬. 家园协作促进幼儿良好生活习惯的养成 [J]. 教育与教学研究，2015(11)：124-128.

[13] 冯宝梅. 幼儿生活习惯养成问题、成因及家庭教育策略研究 [D]. 福州：福建师范大学，2015.

[14] 樊人利. 游戏精神引领下幼儿行为习惯的养成 [J]. 学前教育研究，2014(9)：67-69.

[15] 雍锦琳. 如何在学前教育中培养幼儿良好的生活习惯 [J]. 教育教学论坛 2020(19)：370-371.

[16] 孙树珍，麦少美. 学前儿童健康教育活动指导 [M]. 4版. 上海：复旦大学出版社，2021.

［17］格里格，津巴多. 心理学与生活［M］. 王垒，王甦，等译. 北京：人民邮电出版社，2003.

［18］张娇，程秀兰，周睿. 幼儿园教师情绪智力现状及建议［J］. 幼儿教育（教育科学），2020（9）：31–33，39.

［19］周清. 儿童健康教育之性教育的思考［J］. 儿童与健康，2022（8）：8–9.

［20］JAMES W. Talks to teachers on psychology and to students on some of life's ideals［M］. Mineola, NY, US: Dover Publications, 2001.